이상한
나라의
학교

일러두기
본문에 실린 학교와 학생들에 대한 취재는 2018년에 이뤄진 것이다.

교육의 미래에 먼저 도착한
사람들을 찾아서

이상한
나라의

강윤중 권도현 남지원 노도현 박효재

학교

배동미 심진용 이석우 장회정 정지윤

글항아리

방글라데시 서북부의 베투안 마을에서는 날마다 아이들이 강물 위로 등교한다. 우기가 되면 물에 가라앉곤 하는 습지대 아이들을 위한 '떠다니는 학교'다. "아이들이 학교에 갈 수 없다면 학교가 그들에게 와야 한다"고 생각한 시골 소년의 꿈이 현실이 되면서 배 위의 학교가 탄생했고, 아이들뿐 아니라 주민 수만 명의 삶을 바꿨다. 그들에게 '스쿨보트'는 아이들이 꿈을 키우는 곳, 여성들이 삶을 꾸려가는 곳, 지역 사회의 미래를 준비하는 곳이다.

러시아 동북부에 사는 소수민족인 에벤족은 순록을 키우며 살아가는 유목민이다. 작은 천막 안에 선생님과 아이 셋이 모이면 그곳이 학교다. 아이들은 거기서 사라져가는 유목 부족의 말과 전통을 배운다. 하지만 이 아이들의 진짜 교실은 유목 캠프를 둘러싼 시베리아의 자연 자체다. 순록을 키우고, 잡고, 사냥을 하며 살아가는 법을 자연이 그들에게 가르쳐준다.

건조한 케냐 초원 지대의 마사이 소녀들은 부족의 악습인 할례를 피하고 조혼의 희생자가 되지 않기 위해 방학에도 학교에 머문다. 그들에게 학교는 안식처다. 미국 뉴욕 맨해튼의 하비밀크 고등학교에서는 동성애자가 소수자가 아니다. 그들에게 학교는 사회를 향해 놓인 징검다리다. 찰스 다윈이 진화론의 토대를 다진 에콰도르의 갈라파고

우리가 찾은 콜롬비아 몸의 학교에서는 먼저 상
대의 몸을 인식하고 배려하는 법을 가르친다.

스에서 아이들은 멸종 위기에 처한 거북이와 공존하는 법을 배운다.

해외 언론들이 한국의 교육을 들여다본다면 어떨까. 새벽같이 등교해 늦은 저녁까지 의자와 한 몸이 되어 꽉 채운 수업을 한 뒤 학원으로 뿔뿔이 흩어지는 아이들의 지친 하루가 담길 것이다. 명문대 진학률에 따라 급이 갈리는 우리의 학교는 5분만이라도 늦게 등교하고 싶은 곳, 온갖 괴담의 온상이 된 지 오래다.

학교는, 교육은 어떤 역할을 해야 하는 것일까. 세상의 모든 학교가 엇비슷하게 생긴 콘크리트 건물의 모습으로 존재하는 것은 아니다. 모든 학생이 입시 경쟁에 시달리며 쫓고 쫓기듯 쳇바퀴를 도는 것도 아니다. 진로 탐색이라는 명분으로 스펙을 쌓고 학원가를 맴돌며 문제풀이 기술을 익히는 획일화된 시스템은 교육의 본모습이 아니다.

우리는 세계의 낯설고 이상하며 신기한 학교 열 군데를 찾았다. 그 학교들은 우리와 다르게 행복했고, 생기가 넘쳤고, 자유로웠다. 물론 환경은 열악하고 시시하며 수업은 느슨하기도 했다. 다양한 학교의 현재 속에서 우리 교실의 문제를 풀 실마리를 찾을 수 있었다. 스코틀랜드의 헤이즐우드 아이들은 이웃과 어우러져 성장한다. 인도에서 가장 아름다운 기차역으로 선정된 쿠탁역 기찻길 학교 아이들은 학업과 구걸을 병행하며 산다. 콜롬비아의 빈민촌 아이들은 춤으로 더 좋은 세상을 만들겠다며 땀방울을 흘린다. 그렇게 아이들은 가난 속에서도 미래로 나아가는 법, 상처를 치유하는 법, 소수자를 배려하고 사회 속에서 살아가는 법을 배우고 있다. 학교는 세상을 마주할 힘을 길러주는 곳이고, 교육의 미래에 대한 해답은 결국 학교에 있다.

1

떠다니는 학교

방글라데시 파브나
'플로팅스쿨'

✎ 학교로 가는 길

폭우가 쏟아지는 등굣길 아침, 학교가 우리 집 앞으로 왔으면 좋겠다는 상상을 한번쯤은 해봤을 것이다. 지루한 우기, 강물이 넘쳐 학교 가는 길이 끊겨도 걱정 없는 아이들이 있다. 학교가 스스로 움직여 학생을 데리러 간다는 신기한 풍경을 찾아 방글라데시 서북부 파브나에 있는 베투안 마을을 찾았다.

인도와 가까운 국경도시 라지샤히는 '망고시티'라 불릴 정도로 유명한 망고 산지다. 2018년 4월 중순 라지샤히를 떠나 파브나로 향하는 길, 수확까지 두 달 남은 망고나무는 앙증맞은 녹색 열매를 주렁주렁 매달고 있었다. 자동차로 두 시간 넘게 달려 가닿은 칸치카타시장 초입에 비정부기구 '시두라이 스와니르바 상스타Shidhulai Swanirvar Sangstha(자립하는 시두라이 마을)' 직원 카이바 호셀이 나와 있었다.

내비게이터가 없는 차량에 호셀을 태

반갑게 인사를 건네는 베투안 마을 사람들.

우고 그의 길 안내를 받아가며 학교를 찾아 떠났다. 차 한 대 겨우 지나갈 만한 비포장도로를 지나 남의 집 앞마당을 넘나드는 구불구불 레이스가 시작됐다. 구글맵에는 분명 쭉 뻗은 도로가 있었지만 현지인들은 "이 길이 빠르다"고 입을 모았다. 집집마다 앞마당에 삼각뿔 모양으로 쌓아둔 볏짚탑이 보였다. 비가 와도 안쪽 볏짚이 젖지 않도록 솜씨 있게 쌓아둔 이것을 주민들은 '나라'라고 불렀다. 농가의 살림 밑천인 소와 양을 키우려면 없어선 안 될 자산이다.

구마니강 노바리아 다리 밑 나루에서 작은 보트에 옮겨 탔다. 한껏 키를 높여 짓고 있는 다리는 고개를 뒤로 젖혀 올려다봐야 할 정도로 하늘에 걸려 있었다. 우기가 되면 강물이 크게 불어나 차오를 것에 대비한 방글라데시인의 막강 방어력인가 싶다.

강 주변 풍경은 더없이 평화로웠다. 긴 낚싯대를 드리운 어부와 오리를 몰고 나온 아이를 슬로모션으로 지나치며 강을 따라 남쪽으로 40여 분 이동했을 때, 통나무집을 얹은 듯한 배가 시야에 들어왔다. 순간 눈이 마주친 호셀이 웃으며 고개를 끄덕였다. 이곳 아이들을 위해 강 위에 띄운 배, '떠다니는 학교(플로팅스쿨)'다.

8시 30분에 등교한 1학년들의 막바지 수업이 한창이었다. 팽팽하지도, 느슨하지도 않은 공기가 흘렀다. 낯선 방문객을 응시하는 아이들의 눈망울에는 경계심보다 호기심이 더 커 보였다. 오전 10시, 남국의 태양은 이미 중천에 있었다. 교실 밖으로 나오자 강 건너에 늘어선 아이들 무리가 시야에 들어왔다. 등교를 앞둔 2학년 학생들이었다. 학교 가는 길이 저렇게 즐거울까 싶을 정도로 아이들은 들떠 보였다.

10시 30분, 1학년 수업이 끝났다. 수업종은 없었지만 날랜 녀석들은 관리 담당 할아버지가 채 사다리를 놓아주기도 전에 배에서 폴짝 폴짝 뛰어내렸다. 오늘 수업이 더없이 재미있었던 모양이다. 아이들은 구름 위를 걷는 듯 가벼운 발걸음으로 집으로 향한다. 역시 학교생활이 즐거워야 하굣길도 즐거운 법이다. 학교 주변 '학세권' 거주자들의 하교가 끝나자 플로팅스쿨이 부르르 몸을 떨었다. 시동을 걸고 스쿨버스로 변신하는 시간이다.

방글라데시 서북부 라지샤히의 파브나 지역에 있는 '떠다니는 학교' 1학년생들이 하교하는 시간. 오늘의 학교생활이 만족스러운 아이들은 하굣길에서도 절로 흥이 난다.

플로팅스쿨은 지그재그로 강을 누비며 1학년을 내려주고 2학년을 태웠다. 모든 과정은 '물 흐르듯' 이어졌다. 배에 오르는 2학년 담임교사 레헤나 카툰에게 먼저 등교한 한 남학생이 의젓하게 손을 내밀었다. 원피스와 반바지 등 알록달록 자유로운 옷차림을 한 아이들과 달리 선생님은 머리까지 감싼 전통 의상 샤리 차림이다. 방글라데시인의 약 90퍼센트는 무슬림이다. 취재진이 찾아간 4월 22일은 일요일이었으나 그들의 휴일은 금요일이다.

✎ 홍수가 아이들 꿈을 뺏지 않도록

"아이들이 학교에 갈 수 없다면, 학교가 그들에게 가야 한다고 생각했습니다." 방글라데시 서북부의 작은 마을 시두라이에서 자란 모하메드 레즈완에게 우기는 학교에 가지 못하는 우울한 시즌이었다. 어떤 부모들에게 이 시기는 아이들에게 집안일이나 농사일을 시키기 좋은 핑곗거리가 됐다. 길이 끊기고 농사가 엉망이 되어 먹고사는 일이 고생스러울 때, 자녀 교육은 후순위로 밀린다. 방글라데시는 아직도 학교와 도로, 통신 기반 시설이 취약해 초등교육을 받지 못하는 아이가 많다. 인구 중 글을 읽고 쓸 수 있는 사람이 2015년 기준으로 40퍼센트대에 불과한 것에는 이런 환경 탓도 크다.

인도, 미얀마와 이웃한 방글라데시는 세 계절이 순환한다. 아주 더운 여름, 조금 덜 더운 여름, 그리고 우기. 국토의 3분의 1이 해수면에

아이들은 호기심 가득한 눈망울로 이방인을
반겼다.

서 불과 1미터 높이다. 그래서 7월부터 본격화되는 장마철이면 침수
는 예삿일이 된다. 2017년 인도를 비롯한 남아시아 3개국에서만 여름
몬순 폭우와 홍수로 1200명 이상이 사망했다. 방글라데시는 40년 만
에 최악이라 불리는 홍수 피해를 입었다. 최소 140여 명이 숨지고 주
택 70만 채를 잃었다. 홍수가 재앙인 이유는 삶의 지층을 흔들고 아이
들의 꿈을 앗아가기 때문이다.

　수도 다카의 대학에서 건축학을 전공한 레즈완은 오랜 소망을 이루
기 위해 고향으로 돌아왔다. 스쿨버스와 학교를 결합한 플로팅스쿨을
짓는 것이었다. 학교가 물 위에 떠 있다면 그깟 홍수는 두렵지 않을 것

'떠다니는 학교'는 선풍기와 노트북, 그림 같은 창밖 풍경까지 구비했다.

이라는 소년의 꿈은 1998년 SSS를 설립하며 현실에 다가섰다. 장학금과 저축으로 모은 500달러와 오래된 컴퓨터 한 대가 토대가 됐다.

초창기에는 일반 보트에 바닥 공사만 한 상태에서 수업을 했다. 도와달라는 메일을 수백 통 보내며 후원금을 모았다. 건축가 출신인 레즈완은 2002년 현지에서 수급한 목재로 마을 사람들을 고용해 배를 만들고 아이 30명을 들일 수 있는 번듯한 교실로 개조했다. 완만한 곡선을 그리는 다층식 지붕은 폭우 피해를 줄이는 데에 최적화된 디자인이다. 레즈완이 이사를 맡고 있는 SSS는 현재 파브나에 10대, 나토르에 12대로 총 22대의 플로팅스쿨을 운영하고 있다.

길이 16미터, 폭 3.4미터의 학교는 넉넉하진 않지만 부족함도 없다. 아이보리색 교실은 아늑했다. 딱 아이들의 집중을 흐트러뜨리지 않을 높이에 열린 창으로 강바람이 넘나들었다. 입구에 놓인 두 개의 책장에는 위인의 회고록, 역사책, 시집 등 여러 분야의 책이 꽂혀 있다. 교사를 위한 노트북과 아이들의 땀을 식혀줄 천장고정형 선풍기도 구비했다. 지붕에 붙은 태양광 패널 덕분에 전기도 쓸 수 있다. 세 명까지 앉을 수 있는 긴 책걸상이 5열로 2분단을 이뤘다. 정원 30명은 개교이래 넘치거나 모자람 없이 채워졌다.

✂ 출석 체크는 필요 없어요

교실을 쓱 둘러본 레헤나 선생님은 곧바로 수업에 들어갔다. 출석 체크는 필요 없었다. 정부가 정한 초등학교 정규 과목은 국어, 영어, 수학. 그 외 학교 재량에 따라 과목을 더할 수 있다. 1교시 국어(벵갈어)는 선생님의 선창으로 시작했다. 선생님이 읽은 구절을 아이들이 따라 읽었다. 노래를 부르듯 리듬이 살아 있다. 좋이 3회는 넘게 낭독을 하고 나서 아이들은 그 구절을 공책에 옮겨 적었다. 선생님은 아이들 사이를 돌며 제대로 썼는지 살폈다. 집중력이 흐트러지기에는 아직 이른 시간, 훼방꾼이 등장했다. 오리였다. 꽥꽥 소리 너머로 염소 울음도 간간이 섞여 있었다. 컴퓨터 및 기타 관리 담당 톨브르 호라안이 재빨리 뛰어나갔다.

아이들의 표정에서 스트레스 없는 학교생활이 고스란히 드러났다.

떠다니는 학교

다음 과목은 수학. 선생님이 화이트보드에 문제 몇 개를 낸 뒤 한 아이를 불러내 풀게 했다. '38+34=?' 벵갈어 숫자는 아라비아 숫자와 생김새가 다르다. 벵갈어 숫자 8은 아라비아 숫자 4와 꼭 닮았다. 통역자가 없었더라면 전혀 알아보지 못했을 것이다. "맞았다고 생각하는 사람 손 들어보세요." 절반 이상의 아이가 손을 들었다. 정답을 쓴 아이에게는 박수가 쏟아졌다. 교실에 웃음꽃이 피었다.

"레인보 레인보 아이시유 그린 앤드 오렌지, 인디고……." 언어만 다를 뿐 영어 수업도 국어 수업과 방식은 같았다. 낭독하는 리듬과 박자도 판박이였다. 다른 점은 영어에 자신 있는 몇몇 아이의 목소리가 도드라졌다는 것이다. 통역자는 "방글라데시 아이들은 수학보다 영어를 더 어려워한다"고 귀띔했다. 짧은 영시임에도 노트에 옮겨 적는 데 걸리는 시간은 제각각이다. 나비드는 일찌감치 시를 다 쓴 뒤, 보란 듯이 머리, 어깨 같은 신체 부위를 또박또박 적어내려갔다.

화이트보드로 불려나간 친구가 새터데이Saturday의 뜻을 적지 못하자, 선생님은 나비드를 불렀다. 팔을 힘껏 뻗어 화이트보드 꼭대기에 '월요일'부터 순서대로 써내려가는 손길에서 하늘을 찌를 듯한 자신감이 고스란히 전해졌다. 일곱 살 나비드의 노란 티셔츠 등판에는 패뷸러스FABULOUS(굉장한)라고 적혀 있었다. 1분단 맨 앞자리에 앉았던 수미가 그 뒤를 이어 영어로 숫자를 썼다. '우리에겐 이렇게 우수한 학생들이 있습니다'. 멀리서 찾아온 손님에게, 선생님이 뽐내고 싶었나 보다.

마지막으로 그리기 수업이 진행됐다. 아이들은 교본에 나온 거북이

밑그림 위에 습자지를 대고 따라 그렸다. 꼼꼼하게 한 점 한 점 잇듯 그리는 아이가 있는가 하면 일필휘지로 슥슥 그려나가는 아이도 있다. 선생님의 지목을 받은 아이는 화이트보드에 방글라데시 국기를 그렸다. 1971년 파키스탄으로부터 분리 독립할 당시에는 중앙의 원 안에 방글라데시 지도가 들어 있었으나 이듬해에 빠졌다. 짙은 초록 바탕에

영어 시간. 아이들은 레헤나 선생님의 선창을 따라했다.

가운데 빨간 원이 있는, 세상 그리기 쉬운 국기다. 그럼에도 펜을 잡은 아이의 표정은 더없이 진지했다. 화이트보드는 이내 아이들이 그린 국기, 거북이, 가족 그림으로 가득 찼다. 선생님은 또 교실을 돌았다. 아이들은 선생님께 그림을 보여주고 싶어 안달이 난 듯 보였다. 수업 중 가장 많이 들은 단어는 아이들이 선생님을 부르는 "마담, 마담!"이었다. 선생님의 "잘했어" 한마디에 아이들은 세상을 얻은 표정이 됐다.

세상에서 가장 소중한 책

"아이들을 무척 좋아해서 수업 시간보다 일찍 학교에 나와요. 수업이 없는 날이면 시간이 빨리 흘러갔으면 하고 바라죠." 플로팅스쿨에 몸담은 지 8년째인 레헤나 선생님은 내내 무표정한 얼굴이었지만, 담백한 표현에는 진심이 담겨 있었다. "우기가 되면 인도에서 강물이 넘어와 수위가 높아지고 유속도 빨라서 일반 학교는 다니기 힘들어요. 하지만 여긴 우기에도 수업에 차질이 없어요. 여기는 라마단 기간에도 수업을 하죠." 선풍기와 노트북 등 학교 자랑은 끝이 없었다.

베투안, 파스베투안 같은 주변 마을 아이들을 대상으로 한 플로팅스쿨에는 현재 1학년 30명, 2학년 25명이 재학 중이다. 3, 4학년 학급은 2시간 30분 거리에 있는 또 다른 플로팅스쿨에 개설돼 있다. SSS의 프로그램 매니저인 수프라카시 폴은 "2019년이면 당초 목표대로 5학년 과정도 열 수 있을 것"이라고 말했다.

레헤나 선생님은 수업 시간이 짧고 초등 전 과정을 다루지 않는 학교 성격상 학생들의 학업 성취도가 떨어지지 않을까 하는 우려의 시선을 경계했다. 그는 "한 달에 한 번 시험을 치르고 SSS에서 결과를 확인하기 때문에 여기 학생들이 일반 학교 학생들보다 더 뛰어나다"고 힘주어 말했다. 학교 측에서도 상급 학년 진학생들에게 지원을 아끼지 않는다. 레헤나 선생님은 나임, 잔나툴, 샤밈 등 상급 학교로 올라간 제자들 이름을 줄줄이 읊었다.

"지금 공부하지 않으면 나중에 후회한다고 설득하면서 가르쳐요. 한 번에 안 되면 두 번, 세 번, 네 번 설득합니다. 그런 일은 지치거나 피곤하지 않아요." 아이들이 즐겁게 학교를 다니는 비결을 묻자 그는 이렇게 답했다. 교사 스스로가 기꺼운 가르침이야말로 아이들의 행복한 학교생활의 큰 원천이다.

플로팅스쿨의 교육은 무료다. 재학생에게는 정부의 무상 교과서 말고도 SSS가 자체 개발한 농업·환경 교과서가 제공된다. 지속 가능한 농법, 생물 다양성, 기후 변화와 인권 등 환경 변화에 직접적인 영향을 받는 주민들을 위한 필수 실용서가 아닐 수 없다. "우리 나라에는 원래 다양한 물고기, 나무 등이 많았는데 점점 사라지고 있어요. 요즘 아이들은 이름조차 모르죠. 우리 학교는 특별히 사라지는 것들에 대해 가르치고 있어요. 더불어 환경오염이 인간의 삶에 얼마나 나쁜 영향을 미치는지, 환경을 어떻게 보존해야 하는지 가르치는 데 역점을 두고 있습니다."

등하굣길에 아이들이 품에 꼭 안고 다니는 교과서는 연한 갈색 종이로 곱게 싸여 있었다. 우리도 달력이나 패션 카탈로그로 새 교과서를 싸던 시절이 있었다. 새 책을 보호하려고 꽁꽁 싼 교과서는 얼마나 자주 들춰보았는지 책장 끝이 하나같이 돌돌 말려 있었다.

한낮의 기운이 충만한 오후 1시. 시끌벅적 동네 아이들이 물장구치는 소리가 교실로 새어 들어왔다. 선풍기 바람이 달아오른 아이들의 이마를 식혔다. 허기와 나른함에 어른들은 슬슬 지쳐갔지만 아이들은 여전히 기운찼다. 작은 교실은 아이들이 내뿜는 활기로 터질 듯했다. 아이들의 시간은 길게, 느리게, 그리고 촘촘히 흘러간다.

✎ 줄리의 꿈, 엄마의 꿈

핑크색 오로나(스카프)를 머리와 어깨에 둘러쓴 중년 여성이 플로팅 스쿨 앞을 서성였다. 짐짓 염소 꼴을 먹이러 나온 척했지만, 한눈에 봐도 아이를 기다리는 엄마였다. 처음엔 줄리 엄마인 줄 알았다. 줄리의 하굣길을 함께한다고 하자 누구보다 반색했기 때문이다. 하지만 줄리 엄마가 아니라 이 마을 어디선가 누구에게 무슨 일이 생기면 틀림없이 나타날 것 같은, 파키 엄마다. 앞장선 파키 엄마를 따라 줄리와 함께 강변을 걸었다. 오른쪽 나무 계단 위로 아담한 마을이 보였다. 우기가 오면 계단은 불어난 강물 속으로 사라진다.

"보통 수업을 마치고 집에 오면 씻고 밥을 먹어요. 쉬다가 시간이 되면 공부도 하고요." 줄리의 얘기를 잠자코 듣던 엄마 아이말라는 딸

수업을 마친 줄리(왼쪽)와 단짝 친구 파키가 염소 '로힝가'에
게 풀을 먹이러 나왔다. 소녀들은 뭐가 그리 즐거운지 연신
웃음을 터뜨렸다.

에 대해 묻자 "좋은 아이라고 생각한다"는 것 외에 별말을 하지 않았다. 과묵한 엄마를 대신해 이웃들이 "청소와 설거지를 하며 엄마를 돕는 기특한 딸"이라고 한마디씩 거들었다. 줄리의 엄마는 나이가 지긋한 데다 한쪽 눈도 불편했다. 적극적이던 수업 때와 달리 가정방문에 잔뜩 긴장한 줄리는 "평소 하는 대로 해도 된다"는 말이 떨어지기가 무섭게 단짝 파키의 손을 잡고 집을 나섰다. 염소 '로힝가'의 끼니를 챙기는 것도 줄리의 중요한 일과 중 하나다. 풀이 무성한 강가로 나가는 길, 소녀들은 무엇이 그리도 즐거운지 연신 웃음을 터뜨렸다.

핑크색 원피스를 입은 줄리의 팔은 헤나타투로 가득했다. 엄마 솜씨인 줄 알았더니 제힘으로 했다고 했다. 방글라데시 달력의 첫 번째 날, 즉 새해 첫날인 포헬라 보이샤크는 유네스코 세계 문화유산에 등재된 국경일로 계급, 인종, 종교를 초월해 전 국민이 참여하는 축제다. 이날은 남녀노소 모두 가장 좋은 옷을 입고, 곱게 치장한다. 2018년의 축제일은 4월 14일이었다. 줄리도 이날을 위해 헤나타투를 새겼다. 장래 희망은 이런 감각을 뽐낼 수 있는 것이지 않을까, 내심 기대했지만 돌아온 답은 간호사였다. 일찍 철든 아이는 이렇게 덧붙였다. "공부를 잘하면 간호사가 될 수 있어요."

줄리네와 마주한 작은 집에는 알마스와 라베마 남매가 살고 있다. 수업 도중에 레헤나 선생님이 알마스의 머리를 양손으로 스윽 어루만지는 장면을 목격했다. 애정을 표현하는 따뜻하면서도 절제된 손놀림이었다. 알마스는 기자를 돌아보며 씨익 웃었다. 뿌듯함을 누군가에게 확인받고 싶어하는 눈치였다.

좁은 현관을 지나 부엌으로 쓰는 작은 마당을 지나자 알마스 가족이 침실 겸 거실로 쓰는 공간이 나왔다. 침상이 방의 절반을 차지했다. 2단 선반에 놓인 세간은 정갈하게 정돈돼 있었다. 엄마 라비아의 성격이 보였다. 선명한 빨간색 셔츠와 청바지, 하얀 운동화를 신은 알마스를 보고 아이의 엄마가 궁금하던 참이었다. 반갑게 취재진을 맞은 라비아는 "알마스가 얼마 전에 학교에서 운동으로 상을 받았다"면서 "아이들이 학교에 다닐 수 있어서 너무 좋다"며 웃어 보였다.

라비아에게 아이들 나이를 묻는 순간 의도치 않은 갈등 국면이 조성됐다. 레헤나 선생님과 엄마의 답이 엇갈렸던 것이다. 통역자에 따르면 아이의 생년월일을 정확하게 기억하는 부모가 드물다. 학교에 입학하면서 교사가 정해주는 대로 나이가 굳어 성인이 되는 경우가 숱하다. 삶이 팍팍해서일까, 달력의 숫자 따위는 중요치 않다고 여겨서일까. 엄마가 기억하는 알마스의 나이는 열 살 혹은 열한 살, 선생님이 알고 있는 나이는 여덟 살이었다. 딸 라베마는 그나마 '일곱 살 추정'으로 비교적 쉽게 합의가 됐다.

어느새 알마스네 좁은 앞마당은 구경 온 이웃으로 가득 찼다. 파키 엄마가 목소리를 키웠다. "아버지 없이 엄마 혼자서 힘들어도 포기하지 않고 아이들을 잘 키우고 있어요." 모두가 동의의 눈빛을 보냈다. 숟가락 개수는 물론 속사정까지 알고 보듬는 이웃의 정이 전해졌다. 오늘의 훌륭한 조연들은 알마스 모자가 카메라 앞에서 쭈뼛쭈뼛하자 한마디씩 거들며 자연스러운 웃음을 끌어내는 조력자 역할까지 해냈다.

"가사 도우미를 하며 생활비를 벌고 있어요. 이 집은 남편과 사별한

떠오르는 학교

첫 번째 부인의 아들 집이에요. 힘들어도 내가 할 수 있는 만큼 아이들을 가르칠 거예요." 가끔 플로팅스쿨을 찾아서 아이들이 공부하는 것을 지켜본다는 라비아는 "내가 어렸을 때 이런 학교가 있었더라면 좋았을 것"이라며 아쉬워했다. 알마스는 묻지도 않았는데 "공부가 제일 즐겁다"고 말했다. 엄마와 선생님 듣기 좋으라고 하는 소리는 아닌 듯했다. 엄마의 꿈은 아이들이 좋은 직장에 다니는 것이다. 그 직업이 의사인지, 변호사인지는 크게 중요하지 않았다. 항상 "친구들과 싸우지 마라, 남의 물건에 손대지 마라"를 강조하는 엄마다웠다.

물 위의 병원, 물 위의 도서관

푸른 카펫처럼 수면을 뒤덮은 구마니강의 부레옥잠은 작은 모터에 의지해 내달리는 보트에는 그저 성가신 존재였다. 모터에 낀 아름다운 장애물을 제거하며 가느라 전진이 영 더뎠다. 결국 기름이 떨어져 비상 급유하는 사태도 빚어졌다. 불안해하는 기자에게 통역자가 건넨 말. "부레옥잠은 강물의 정화 작용을 하고 소, 염소 등 가축의 먹이로도 쓰여요." 세상에 쓸모없는 것은 없다.

우여곡절 끝에 도착한 파스베투안 마을 입구에는 익숙한 모양의 배가 정박해 있었다. 보름에 한 번 마을을 찾는 '물 위의 병원'이 뜬 날이었다. 진료소 내부와 입구를 가득 채운 사람들 뒤로 육중한 몸매의 검은 물소 두 마리가 그림처럼 서 있다. 철퍼덕. 물소가 큰일을 보는데 누구도 신경을 쓰지 않는다. 그 물에서 아이들은 물놀이를 하고 어른들은 빨래를 한다. 강물은 흐르겠지만, 위생에 대한 우려는 고스란히 남는다.

"주민들은 강에서 씻고 그 물을 마시기도 합니다. 그래서 식중독과 피부 염증이 흔합니다. 진료뿐만 아니라 위생 교육도 함께 하고 있지요." 자부심 강한 인상의 압둘 마지드는 방글라데시 보건부 산하 기관에서 경력을 쌓은 의사로 벌써 12년째 진료를 담당하고 있다. 한 마을을 찾으면 보통 세 시간 동안 환자 100여 명을 상대한다.

10킬로미터 정도 떨어진 일반 병원에서는 5000~7000원의 진료비를 내야 하지만, 여기서는 진료도 약도 무료다. 대기실, 진료실을 비롯

물 위의 병원. 보름에 한 번 마을을 찾아 무료 진료를 해준다.

해 항생제와 기생충약, 영양보충제 등을 상비한 약국도 갖췄다. 다만 공간이 좁아서 환자의 프라이버시는 포기해야 한다. 마지드 선생은 빈혈기가 있는 여성 환자의 처방전을 적는 동시에 왼쪽 침상에 누운 노파의 상태를 살폈다.

배가 제법 부른 툭투키(33쪽 사진)는 "예전에는 멀리 가서 진료를 받았지만, 이제 동네에서 임신 중 검진을 받을 수 있어서 편하다"며 만족스러워했다. 두 달 앞둔 둘째 출산도 첫째 때와 마찬가지로 여성 조산사의 도움을 받아 집에서 할 예정이다. 스무 살의 임신부는 "의사가 아무 이상이 없으니 칼슘과 비타민만 먹으면 된다"고 했다며 손글씨로 쓰인 처방전을 보여줬다. SSS는 수술실을 갖춘 진료소의 확장형 모델을 구상 중이다.

그림자가 길어진 오후, 마을 사람들이 모여드는 사랑방이 또 있다. 플로팅 도서관에는 빈자리가 없었다. 전기조차 들어오지 않는 동네의 아이들이 5대의 노트북 앞에 앉아 있었다. 책을 펼쳐 들었으나 노트북을 곁눈질하는 이들은 대기자로 추정됐다. 대학에서 컴퓨터를 전공한 도서관 관리자 아리훌 이슬람은 "플로팅 도서관은 하루에 3개 마을을 돈다"며 "마을마다 일주일에 사흘씩 도서관을 이용할 수 있다"고 설명했다. 고등학교 졸업 시험을 치른 예비 대학생 무사뭇 암비야 카툰은 "3년 전부터 컴퓨터 교육을 받고 있는데 무료로 이용할 수 있는 게 제일 마음에 든다"고 했다. 국제 뉴스와 관련 영상, 영화도 볼 수 있어서 좋다는 소녀의 으뜸 즐겨찾기는 유튜브였다.

✂ 학교가 마을을 바꿨다

"2002년 처음 학교를 열었을 때는 지역 주민들의 반응이 좋지 않았어요. 보트 위의 학교라니, 이런 학교에 아이들을 어떻게 보내느냐는 반응이었죠." 폴 매니저는 지역 학부모회와 꾸준히 교류하며 교육의 필요성을 인식시켰다고 했다. 국립학교는 학비 걱정이 없지만 학생 수에 비해 학교 수가 턱없이 적다. 그런 탓에 넉넉하지 않은 형편임에도 울며 겨자 먹기로 사립학교에 아이를 보내는 집도 있다. 시골은 남아선호가 여전하지만 도시를 중심으로 딸을 선호하는 풍토가 자리를 잡고 있다. 씁쓸하지만, 딸은 돈을 벌어 집안에 보탬이 된다는 인식 덕이다. 요즘 방글라데시에서 최고 인기 직종은 공무원이다. 어지간한 공무원 시험은 1000:1에 육박할 정도로 경쟁이 치열하다.

파스베투안 마을에 사는 주부 타혜라 카툰은 "집에서 장난치거나 밖에서 싸우며 시간을 보내던 아이들이 플로팅스쿨에서 공부를 할 수 있으니 큰 도움이 된다"고 말했다. 이 마을 아이들이 플로팅스쿨에 다니기 시작한 지는 벌써 7년째. 카툰은 아이들의 미래가 궁금하다. "플로팅스쿨이 생기고 나서 모든 것이 바뀌고 있어요."

그 '모든 것'은 비단 학생들에게만 국한되지 않는다. 오후 3시, 좌식으로 설계된 또 다른 플로팅스쿨에 주부 20여 명이 아이와 함께 자리를 잡고 있었다. 여성을 위한 수상 농업교육 학교였다. 우기에 삶의 터전을 잃는 주민들을 위해 SSS에서는 수경 재배를 통한 수익 모델을 구축하고 월 1회 교육하고 있다.

"전 지구적으로 환경이 많이 안 좋아졌지만 우리가 조심하면 깨끗하게 유지할 수 있어요. 물도 재산입니다." 시청각 수업 중 강사가 "수경 재배가 가능한 농작물 중에서도 가지보다는 호박의 벌이가 낫다"고 하자 학생들 눈빛이 반짝였다. 또 하나 강조하는 것은 친환경 유기농법이다. 농약의 힘을 빌리지 않고 병충해를 퇴치하는 방법을 일러준다. 우기에 큰 곤란을 겪으면서도 여전히 목축업 의존도가 높은 이 지역 주민들의 체질 개선을 위한 것이다. 수업을 듣는 것이 이날로 세 번째라는 나르기스 바르빈은 "강에서 오리 키우는 법, 양식업, 채소 수경 재배법에 대해 배웠다"며 "이런 학교를 통해 신기술을 익히게 돼 기쁘다"고 했다.

교육 받던 여성들은 "바쁜 남편을 대신해 나왔다"고 말했지만, 마을에서는 전혀 바빠 보이지 않는 남자들을 쉽게 찾아볼 수 있었다. 여성 농민을 가르치려고 배를 띄운 목적을 짐작할 수 있을 것 같았다. 플로팅스쿨에 소속된 총 66명의 교사도 모두 여성이다.

폴은 "살림만 하던 이들이 교사 일을 병행하면서 수입도 얻을 수 있어 모두 만족하고 있다"고 했다. 가뜩이나 취업이 힘든 주부들은 남편의 반대로 주저앉는 경우가 많다. 일을 구하려면 번화한 읍내로 나가야 하는데 긴 통근 시간을 남편들이 허락하지 않기 때문이다. 플로팅스쿨은 여교사들에게는 통근 버스가 된다. 폴은 "예전에 비해 남자들 인식도 바뀌어서 주부들이 교육받고 취업할 필요성을 잘 알고 있다"며 "봉제나 가구 제작 같은 교육을 통해 여성이 일할 기회를 많이 마련할 계획"이라고 말했다.

둘째 출산을 두 달 앞둔 임신부 툭투키는 멀리 나가지 않고
동네에서 검진을 받을 수 있어 편하다며 만족감을 드러냈다.

　플로팅스쿨 사람들은 '희망'을 강조했다. SSS의 플로팅스쿨은 홍수
로 안정적인 삶을 담보할 수 없는 주민들을 위해 생겨났지만, 교육이
라는 양분을 통해 주민들의 삶 속에 희망을 뿌리내리게 했다. 이제 주
민들은 미래를 이야기한다. SSS는 학교 외에 병원 5척, 농업학교 5척,
도서관 10척 등 총 111척의 배를 운영하고 있다. 200여 명을 채용해

지역 고용을 창출했고, 300여 명의 자원봉사자가 함께하는 교육의 가치를 더했다. 앞으로는 아이들 놀이 공간까지 확보하기 위해 2층짜리 플로팅스쿨을 짓겠다는 야심찬 계획도 꺼내놓았다.

"교육은 웃으면서, 즐기면서, 그리고 선생님과 학생이 친구처럼 지내면서 해야 해요. 여기 오는 학생들은 그런 즐거움이 있기에 열심히 배우고 있어요."

플로팅스쿨이 생긴 뒤, 이 일대 습지대 아이들의 학교 입학률은 두

든든한 취재 지원군이 돼준 파키와 파키 엄마가 베투안 마을을 떠나는 취재진을 향해 작별 인사를 보내고 있다.

드러지게 높아졌다. 조혼과 지참금 제도로 차별받고 교육도 제대로 받지 못하던 여학생의 중퇴율이 눈에 띄게 떨어졌다는 보고도 있다. 떠다니는 학교는 해마다 홍수에 휘둘리던 어린이 7만여 명의 삶을 바꿨다. 이 학교에서 파생한 편의 시설들은 최소 10만 가구에 경제적, 사회적, 환경적 영향을 미치고 있다. 인공지능이 일기예보를 알려주는 시대, 여전히 대자연의 위력 앞에서 무력감을 느끼는 인간에게 가장 필요한 가치가 무엇인지 새삼 깨닫게 하는 대목이다. 소년의 절실함에서 출발한 방글라데시판 '신기한 스쿨버스'는 희망의 신화가 됐다.

물살이 잔잔해지고 물소를 탄 목동이 집으로 향하는 시간. 저무는 해를 따르며 베투안 마을을 떠나는 길, 멀리서 누군가가 손을 흔들었다. 일과를 마치고 한가롭게 수영을 하던 파키와 파키 엄마였다. 취재 기간 내내 주인공보다 더 돋보였던 신스틸러 모녀는 취재진이 보이지 않을 만큼 작아질 때까지 작별 인사를 멈추지 않았다.

2

'순록'을
배워볼까요

—

러시아 사하공화국
'세비안큐얼 유목학교'

"아주 먼 옛날, 순록치기들이 모여 사는 마을에 한 여자아이가 살았습니다. 한밤중 큰 곰이 나타나 깊은 숲속 동굴로 여자아이를 데리고 가버렸습니다. 순록치기들이 온 눈밭을 헤치며 찾았지만, 여자아이는 어디에서도 보이지 않았습니다." 사라진 여자아이는 곰과 몇 년을 살다 곰도 아니고 사람도 아닌 아이를 낳았다. 온몸에 털이 난 괴물이었다. 괴물은 힘이 세고 성질도 사나웠다. 덩치도 사람보다 훨씬 더 컸다. 시베리아에 널리 퍼져 있는 '설인 추추나' 이야기다.

순록 마을 아이들이 책가방을 메고 통나무집을 나선다. 털모자에 두꺼운 장화를 신었다. 4월, 시베리아의 공기는 여전히 차갑다. 한낮 기온이 영상을 넘지 못한다. 나이 든 선생님의 손짓에 아이들이 눈밭 위를 종종걸음으로 달려온다. 낙엽송 가지로 기둥을 세우고 두꺼운 천을 덮어씌운 작은 천막이 이곳 아이들의 학교다. 통나무집에서 천막 교실까지 눈밭 위 20미터가 등굣길이다.

한낮에도 영상 기온으로 올라가지 않는 순록 마을의 아이들이 책가방을 메고 통나무 집을 나선다.

　　열한 살 코랴와 아홉 살 베레니카, 일곱 살 에드바르. 나이도 학년도 다른 세 아이가 천막 교실에 앉았다. 남매인 코랴는 4학년, 베레니카는 3학년이다. 나에즈다 선생님(64세) 자리는 나무 탁자 맞은편이다. 아이들이 오기 전부터 오늘 공부할 부분을 점검하며 준비를 하던 선생님은 옛날이야기로 수업을 시작했다. 그저 나가 놀고 싶은 아이들을 붙들어놓기 위해서다. 선생님 한 명에 학생 셋. 배울 것은 다 배운다. 러시아어와 수학, 에벤족 말과 역사가 주요 과목이다. 이곳 '유목학교'에서 배우는 수업도 일반 학교에서 배우는 것과 똑같이 인정받는다.

✂ 9번 야영장의 통나무집

사하공화국. 러시아 극동 연방관구에 속한 자치공화국이다. 우리가 흔히 시베리아라고 부르는 지역, 무려 308만 제곱킬로미터에 걸친 광대한 땅을 가진 사하는 러시아는 물론이고 '세계에서 가장 넓은 행정 구역'이다. 투르크계 유목민의 땅이다가 17세기 러시아에 복속됐다. 시베리아 횡단철도가 놓이면서 금과 다이아몬드와 석탄이 많은 사하는 광업 지대가 됐다. 주민의 45퍼센트는 야쿠트인, 41퍼센트는 러시아인, 7퍼센트는 우크라이나인이다.

나에즈다 선생님과 세 아이는 소수민족인 에벤족 사람이다. 에벤족 순록치기 아이들이 유목학교에서 공부한다는 이야기를 듣고, 2018년 4월 작은 마을 세비안큐얼 부근의 야영장을 찾았다. 사하공화국 수도인 야쿠츠크에서 동북쪽의 야영장까지 자동차로 꼬박 20시간이 걸렸다. 400킬로미터 남짓한 거리인데 길이 워낙 험했다. 세비안큐얼로 가려면 시베리아 동부를 가로지르는 레나강과 북쪽 동시베리아해로 흘러 들어가는 인디기르카강의 지류인 네라강을 넘어야 한다.

겨우내 얼어붙은 강물은 아직 녹지 않았다. 빙판 위를 차로 달렸다. 시속 50킬로미터 이상 속도를 내기가 어려웠다. 5월에 접어들어 강이 완전히 녹으면 배로 강을 건너거나 비행기, 헬기를 타야 한다고 들었다. 강을 둘러싼 베른호얀스크산맥 쪽으로는 차가 다닐 길이 없기 때문이다.

출발 다섯 시간 만에 레나강을 넘어 바타마이 마을에 도착했다. 러시아 군용 트럭 질ZIL로 바꿔 탔다. 네라강을 건너려면 바퀴가 커다란 이런 차를 타야 한다. 어지간한 차로는 얼음 사이에 바퀴가 끼어 움직일 수가 없다고 했다. 새파란 하늘과 하얗게 얼어붙은 강이 맞닿은 풍경은 그야말로 환상적이다. 군데군데 얼음을 깨고 올라온 물은 햇빛을 받아 푸른색으로 반짝거렸다. 강 양편으로는 눈 덮인 산이 구불구불 길게 뻗었다.

눈 덮인 산도 얼어붙은 강도 끝없이 계속되는 것만 같다. 차는 자꾸만 덜컹거린다. 얼음 틈 사이로 차바퀴가 가라앉았다가 겨우 다시 빠져나오길 여러 차례. 야영장은 산등성이 넓은 설원 위에 펼쳐져 있었다. 낯선 손님들의 등장에 개들이 마구 짖었다. 순록치기 가족들이 사

세비안큐얼의 에벤족은 순록 치는 일로 생계를 유지한다.

는 통나무집과 천막을 빼면 온통 눈이다. 통나무집과 천막들 사이로 키 큰 낙엽송들이 삐죽삐죽 서 있다. 사하 인구 100만 명 중 에벤족은 1만 명 정도다. 세비안큐얼은 에벤족이 모여 사는 마을이다. 마을 어른 700명 중 50여 명은 지금도 순록 치는 일로 먹고산다. 그들 조상이 1000년 전부터 해왔던 일이다.

순록치기들은 마을에서 살 수 없다. 산속 눈밭 아래 순록이 먹는 이끼와 버섯이 숨어 있기 때문이다. 세비안큐얼의 순록치기들은 마을에서 차로 두세 시간 거리에 있는 야영장 아홉 곳에 퍼져 산다. 야영장엔 1번부터 12번까지 번호가 매겨져 있다. 원래 열두 곳이었는데 10년새 세 곳이 없어졌다. 코랴 남매와 에드바르가 부모들과 사는 곳은 9번 야영장이다. 순록치기들은 야영장에서 순록과 함께 한겨울의 혹독한 추위를 견딘다. 5월부터는 1~2주마다 순록 먹이를 찾아 이동한다. 아이들도 마찬가지다. 마을에 내려가 지내는 한겨울 석 달을 빼고는 야영장에서 가족과 머물며 옮겨다닌다. 어릴 때부터 순록과 함께 해야만 순록치기로 사는 법을 배울 수 있다.

✂ 순록 타는 할머니 선생님

에벤족에게 자녀 교육은 큰 고민거리였다. 아이들이 학교에 가려면 마을에서 지내야 한다. 순록치기들은 자녀들이 가족으로부터 멀어지고, 전통이 끊어질까봐 불안해했다. 그래서 나온 것이 유목학교

나에즈다 할머니는 유목민족 아이들을 찾아
이곳저곳으로 찾아다니는 선생님이다.

다. 아이들이 마을로 가는 대신 선생님들이 순록치기들과 함께 살며 가르치는 것이다. 1~4학년까지 아이들은 가족과 함께 지내며 야영장 천막 교실에서 수업을 받는다. 중등 교육 과정에 해당되는 5학년이 시작되면 그때부터는 가족과 떨어져 다른 아이들과 함께 마을 학교를 다닌다.

사하의 유목학교는 모두 10여 곳이다. 에벤족과 에벤키족이 모여 사는 지역에 퍼져 있다. 두 민족은 같은 퉁구스계 사촌이다. 에벤키족도 순록 치는 유목민들이다. 세비안큐얼의 야영장 아홉 곳 중 코랴 또래의 아이가 있는 곳은 세 군데인데 선생님은 나에즈다 한 명뿐이다. 나에즈다는 야영장을 한 달씩 돌며 수업을 한다. 노마드 마을의 노마드 선생님인 셈이다. 선생님이 없는 동안에는 부모들이 아이들을 가르쳐야 한다. 당분간 교사 역할을 해야 할 코랴의 어머니도 얼마 전 홈스쿨링 교육을 받았다.

유목학교 수업은 오전 9시에 시작해 낮 12시쯤 끝난다. 칠판과 책걸상은 없지만, 선생님이 가르치는 내용은 보통 학교와 크게 다르지 않다. 영어나 체육처럼 나에즈다가 가르치기 어려운 과목만 마을 학교에서 전담한다.

러시아어 수업 시간. 글자가 크고 그림이 많은 어린이용 교과서를 탁자 가운데 펼쳐놓고 선생님과 아이들이 머리를 맞댄다. 선생님이 먼저 글을 읽으면 아이들이 따라 읽는다. 선생님이 책 가운데 그려진 그림을 가리키면 아이들이 러시아 말로 그림 내용을 설명한다. "까마귀가 물을 마시고 있어요." "까마귀가 새끼들에게 먹이를 주고 있어요." 러시아 말을 에벤 말로, 에벤 말을 다시 러시아 말로 바꿔보기도 한다.

어린 에드바르는 코랴나 베레니카처럼 술술 대답하기가 힘들다. 나에즈다는 나이도 학년도 다른 아이들을 한자리에 앉혀놓고 가르치는 게 가장 어렵다고 했다. 에드바르가 더듬더듬 대답을 끝냈다. 나에즈다가 잘했다고 칭찬하며 머리를 쓰다듬었다. 나무 탁자 하나를 사이에 두고 선생님과 학생이 마주보며 수업하는 천막 교실에서 볼 수 있는 광경이다.

나에즈다는 은퇴를 했었지만 뒤를 이은 선생님이 병이 나는 바람에 14년 만에 복귀했다. 아이들의 천막 교실이 선생님에게는 먹고 자는

9번 야영장의 통나무집에 사는 그레고리 가족.

집이다. 야영장 어른들이 해다 주는 장작으로 천막 안 난로를 피워 추운 밤을 버틴다. 봄에도 영하 20도까지 내려가기 때문이다.

날이 풀리면 끊임없이 움직이는 생활이 시작된다. 예순이 넘은 나에즈다도 다른 사람들처럼 순록을 탄다. 천막은 걷어서 순록 썰매에 싣고 먹이를 찾아 2~3킬로미터씩 움직인다. 나에즈다는 힘들지 않느냐는 질문에 "코랴 같은 꼬마도 하는데 내가 못 하겠느냐"며 "평생 순록을 타왔다"고 말했다. 추위도 문제가 아니라고 했다. 한겨울 날씨에 비하면 영하 20도는 봄 날씨라는 것이다.

9번 야영장에는 통나무집 두 채가 있다. 그레고리(42세)와 아나스타샤(33세) 부부가 코랴와 베레니카 그리고 2017년에 태어난 막내딸과 함께 통나무집 한 채를 쓴다. 열네 살인 큰아들 다니엘은 유목학교 과정을 마치고 마을에서 학교를 다닌다. 9번 야영장 대표 에드가르(36세)는 에드바르의 아버지다. 어머니를 모시고 외아들과 함께 다른 통나무집에서 산다. 야영장에서 가장 젊은 이고르(24세)와 라티크(23세)는 천막집에서 지낸다. 세 집이 모두 합해 2000마리의 순록을 기른다. 그중 국가 소유가 1200마리다. 마릿수와 무게, 암·수 등에 따라 매달 국가에서 보조금이 나온다. 나머지 800마리는 세 집에서 각자 기르는 것들이다. 팔거나 잡아먹거나 썰매를 끌게 한다.

겨울에는 야영장에서 30분 거리인 산속에다 순록을 풀어놓으면 알아서 이끼며 버섯이며 먹이를 찾아 먹는다. 2000마리 중 매일 아침 70마리 정도를 야영장으로 데려왔다가 해지기 전에 다시 산에 풀어놓는다. 낮 동안 썰매 끄는 데 쓰기 위해서다.

✎ 그레고리와 코랴 부자의 약속

천막 교실을 나와도 아이들의 수업은 계속된다. 코랴와 베레니카, 에드바르에게는 야영장이 곧 학교다. 부모와 함께 순록을 보며 자라는 생활 전체가 이 아이들의 공부 시간이다. 매일 순록과 어울려 놀며 순록치기가 알아야 할 것들을 자연스럽게 깨친다.

야영장에 도착한 이튿날 아침, 그레고리가 순록 한 마리를 줄에 묶어 끌고 왔다. 순록을 잡아 고기를 나눈다고 했다. 야영장 사람들이 돌아가며 한 달에 한 마리씩 자기 순록을 잡는데 한국에서 온 손님들을 위해 특별히 이날로 골랐다고 했다. 그레고리는 바지 주머니에서 칼을 꺼내 능숙한 솜씨로 순록 뒷머리를 찔렀다. 동물이 버둥거리자 한 번 더 같은 곳을 찔렀다. 푹 하고 쓰러지더니 2분쯤 뒤 완전히 숨을 멈췄다.

그레고리와 에드가르가 다리부터 가죽을 벗기기 시작했다. 아나스타샤는 순록 배에서 내장 부위를 차례로 꺼냈다. 아이들은 한쪽에 서서 어른들이 순록 잡는 모습을 끝까지 지켜봤다. 순록치기가 되려면 당연히 순록 잡는 법도 알아야 한다. 그걸 보라고 유목학교 수업도 오후로 미뤘다. 코랴와 에드바르가 쓰러진 짐승 곁에 다가와 손가락으로 몸통을 쿡쿡 찔렀다. 무서워하는 눈치는 전혀 없었다. 아이들은 순록의 삶만큼이나 죽음에도 익숙했다.

순록은 버릴 데가 없는 동물이다. 내장은 '홍엘'이라고 부르는 순대로 만들어 먹는다. 다리뼈를 푹 고면 하얀 푸딩처럼 굳는다. '홀로디아

순록치기가 되기 위해 활쏘기를
익히는 아이들.

코랴는 이제 자기만의 순록을 소
유하게 될 정도로 자랐다.

스'라는 음식이다. 간은 생으로도 먹고 얼려서도 먹는다. 부드러운 혀는 가장 맛있는 부위다. 그레고리는 간과 혀를 다른 부위와 함께 손님들 몫으로 선물했다. 고기와 뼈뿐만이 아니다. 가죽으로 옷을 짓고, 신발을 만든다. 천막 바닥에도 깐다. 낙엽송 잔가지를 겹쳐서 쌓은 다음 순록 가죽을 덮으면 훌륭한 매트리스가 된다. 뿔은 약재로 쓴다. 옛날에는 피도 약용으로 마시곤 했다고 한다. 발굽 여러 개를 모아 순록 가죽 끈으로 엮으면 전통 악기가 된다. 끈을 쥐고 흔들면 캐스터네츠 같은 소리가 난다.

에벤족 아이가 열 살쯤 되면 더 본격적인 순록치기 공부가 시작된다. 코랴는 2년 전부터 어른들 사냥을 따라다니고 있다. 집에서 총 쏘는 연습도 했다. 그레고리는 2년 정도 총 연습을 더 하게 한 다음 직접 사냥도 시켜볼 거라고 했다.

코랴는 올여름 자기 순록을 처음 갖게 된다. 순록치기가 알아야 할 기본적인 것들을 배웠다는 뜻이다. 그레고리는 "코랴가 자기 순록을 가지고 싶다고 계속 졸랐다"면서 "지난해에 태어난 순록 한 마리를 주기로 했다"고 말했다. 순록을 받으면 자기가 직접 이름을 붙일 수 있고, 마음대로 탈 수도 있다. 코랴는 순록에 무슨 이름을 붙일까 벌써부터 생각이 많다.

✂ 에벤의 고등학생은 곰을 잡는다

들뜬 코랴를 보며, 세비안큐얼로 오는 길에 같은 차를 탔던 세르게이(19세)가 떠올랐다. 지난해 학교를 졸업한 그는 이미 어엿한 순록치기였다. 직접 이름 붙인 순록만 여러 마리라고 했다.

2017년 6월 15일. 세르게이는 사촌형 세묜(30세)과 불침번을 서고 있었다. 여름이 되면 순록치기들은 오후 9시부터 오전 9시까지 12시간 동안 순록 지키는 일을 한다. 늑대나 곰이 나타나면 순록을 해치기 전에 쫓아야 하기 때문이다. 새벽 3시 30분쯤 멀리서 짐승 우는 소리가 들렸다. 두 사람은 소리가 나는 쪽으로 움직였다. 세묜이 앞장서고 세르게이가 뒤따랐다. 곰이었다.

"덩치 크고 사나운 수컷인데 나와 세묜을 합친 것보다 더 커 보였다"고 세르게이가 말했다. 습격자는 세묜을 덮쳤다. 생각할 틈이 없었다. 조금이라도 머뭇거렸다간 세묜의 숨이 끊기고 말 것이었다. 세르게이는 총을 들고 똑바로 목을 겨냥해 방아쇠를 당겼다. 곰은 쓰러졌고, 세묜은 풀려났다. 곰 발톱에 긁혀 팔과 다리에 크게 상처가 났지만 목숨은 건졌다. 겨울 외투와 질긴 바지 덕이었다. 세르게이의 이야기는 지역 신문에 실렸다. 소문을 들은 사하 정부가 그를 불러 상을 줬다. 세르게이는 담담한 표정으로 그 상을 받으러 야쿠츠크에 왔다가 돌아가는 길이라고 했다. 총 솜씨가 대단하다는 칭찬에 "친구들 중에도 나만큼 총 쏘는 사람이 많다"며 어깨를 으쓱였다.

야영장에서 이틀 밤을 보내고 세비안큐얼 마을로 내려왔다. 이 마을 사람들은 어른, 아이 할 것 없이 누구나 에벤어를 능숙하게 쓴다. 흔한 일이 아니다. 에벤, 에벤키, 축치, 유카길 등 사하의 소수민족 대부분이 조상의 말을 잊었다. 야쿠트인과 러시아인의 말이 공용어가 된 지 오래이기 때문이다.

🖋 레나강과 네라강이 지키는 마을

코랴의 어머니 아나스타샤는 "어쩌면 사하 전체에서도 세비안큐얼만큼 에벤 말이 굳건히 살아 있는 곳은 없을지도 모른다"고 말했다. 그는 세비안큐얼에서 200킬로미터 떨어진 한디가라는 도시에서 왔다. 역시 에벤족이 많이 사는 곳이다. 에벤족 아이들을 위한 유목학교도 있다. 하지만 노인들만 몇 마디 기억할 뿐 주민 대다수가 에벤 말을 모른다.

마을 학교 교장 선생님인 이반(50세)에게 어떻게 에벤 말을 지킬 수 있었는지 궁금하다고 했다. 이반이 껄껄 웃으면서 답했다. "간단하다. 도시가 워낙 멀기 때문이다." 외부인이 오가기 어려워 에벤 사람끼리만 모여 살다보니 그렇게 됐다는 것이다. 이곳까지의 여정을 생각하니 금방 이해가 갔다. 이반에게 "그러면 결국 레나강과 네라강이 에벤 말을 지켜준 셈인 것 같다"고 말했다. 이반이 "말이 된다"면서 웃었다. 하지만 사하에는 세비안큐얼보다 더 접근하기 힘든 소수민족 마을이 적지 않다. 그런데도 유독 이곳 사람들만이 토착 언어를 능숙하게 사용한다. 전통을 지키려는 특별한 노력이 있었기에 가능한 결과다.

이반의 학교에서는 에벤어가 필수 과목이다. 1980년부터는 '순록' 과목을 만들어 생태와 습관을 가르친다. 순록이 무슨 먹이를 좋아하는지, 조심해야 할 병은 무엇인지, 병이 나면 어떻게 해야 하는지 등을 교육한다. 다른 곳에서는 찾아볼 수 없는 과목이다. 세비안큐얼의 아이들은 부모가 유목을 하든 하지 않든 대부분 순록을 잘 안다. 어려서부터 접할 기회가 많기 때문이다. 하지만 순록을 경험하지 못한 아이가 몇 명이라도 있을 수 있다. 이반은 "우리 학교의 순록 과목은 바로 그런 아이들을 위한 것"이라고 말했다.

나에즈다처럼 이반도 이곳 세비안큐얼이 고향이다. 지금 교장으로 있는 마을 학교를 다녔고, 20대 초반에는 야영장에서 순록을 쳤다. 그 뒤 대학 공부를 하러 잠깐 야쿠츠크로 떠났지만, 졸업하고 곧장 고향으로 돌아와 에벤어를 가르치는 선생님이 됐다. 이반은 야쿠츠크에 남았다면 더 좋은 일자리를 구할 수도 있었지만 고향이 좋았다고 했다. 그는 직접 설상차를 몰고 손님들을 마을 명물인 세비안호수로 안내했다. 여기까지 와서 세비안을 보지 않는 것은 말이 안 된다는 것이었다. 세비안은 사하에서 가장 깊은 호수다. 마을 이름도 이 호수에서 따왔다. 이반의 고향 사랑은 여전했다.

✎ "세대에서 세대로"

이반은 "순록이 없으면 에벤도 없다"고 말했다. 나에즈다도 마찬가
지였다. 순록을 '태양의 것'이라 부르고, 새끼 순록은 '태양의 아이들'
이라 불렀던 에벤족의 믿음을 이반과 나에즈다에게서 확인할 수 있었
다. 9번 야영장 유목학교 학생은 세 명뿐이고 다른 두 곳을 합쳐도 열
명이 안 된다. 그 아이들을 위해 이반은 매년 유목학교 프로그램을 짠
다. 나에즈다는 천막생활을 감수하며 야영장 아이들을 찾아간다. 전
통을 지키기 위해서다.

나에즈다는 "세대에서 세대로"라는 표현을 입버릇처럼 썼다. 젊은
순록치기가 더 많아져야 한다는 얘기다. 이고르와 라티크는 9번 야영
장의 '유일'한 20대 순록치기다. 라티크는 세비안큐얼에서 나고 자랐
다. 그 역시 야영장 유목학교에서 나에즈다와 함께 공부했다. 이고르

"순록치기는 세대에서 세대로 이어져
야 한다"는 나에즈다 선생님.

라디크(앞)와 이고르는 한조로 움직이며 순록을 키운다.

는 야쿠츠크 태생이다. 세비안큐얼은 열 살이 채 되기 전에 할아버지를 따라 놀러 온 게 전부다. 이고르는 고등학교를 졸업한 뒤 세비안큐얼로 왔고, 어렸을 때 딱 한 번 본 라티크를 다시 만났다. 두 사람은 지금 한 천막에서 살고 함께 사냥을 다닌다. 여름밤 불침번도 같이 선다. 순록들 사이에 모닥불을 피워놓고 앉아 시시콜콜한 이야기를 주고받으며 킬킬거리는 게 큰 재미다.

이고르와 라티크는 '세대에서 세대로'의 표본이다. 수십 년 전 이들의 할아버지들이 두 사람처럼 한 조로 움직이며 순록을 키웠다. 10여 년 만에 다시 만난 둘이 뭉칠 수 있었던 데에는 이런 인연도 작용했다.

물론 젊은 순록치기로 산다는 건 쉽지 않다. 에벤은 나이에 따른 위계가 강한 사회다. 야영장 막내인 두 사람에게는 신경 쓸 일이 많다. 순록을 야영장으로 데려왔다가 산에 풀어놓는 것, 야영장 바깥으로 썰매를 끌고 나가 얼음을 깨어 가지고 오는 것처럼 힘쓰는 일도 다른 어른들보다 많이 해야 한다. 한창 젊은 나이라 도시 생각이 들 때도 있다. 그러나 두 사람은 할아버지들이 그랬던 것처럼 순록치기로 함께 살고 싶다. 9번 야영장 순록을 3000마리까지 늘리는 게 가장 큰 꿈이다.

✎ 도시로 간 아이들

세비안큐얼에서 일주일 만에 야쿠츠크로 돌아와 보니, 거리 곳곳에 쌓여 있던 눈이 어느새 다 녹았다. 시내 중심가에서 40분 정도를 걸어

38번 공립학교를 방문했다. 여기 학생 481명 중 21명은 에벤키족이다. 예전에는 다른 소수민족 아이들도 있었다고 했다.

　에벤키족 아이들은 따로 시간을 내서 에벤키어를 배운다. 야쿠츠크 전체에서 에벤키어를 가르치는 학교는 이곳뿐이다. 에벤키족 출신인 타냐 선생님(32세)이 전담이다. 다른 소수민족 아이들도 원하기만 하면 조상의 말을 배울 수 있다. 타냐는 "소수민족 아이 누구든 환영한다"면서 "에벤족 아이가 들어오면 내가 에벤어도 가르칠 것"이라고 말했다. 에벤어와 에벤키어는 꽤 비슷하다. 학교 측은 유카길이나 축치, 돌간 등 다른 소수민족 학생이 입학하면 따로 그 아이들에게 말을 가

전통 노래에 맞춰 춤을 추는 아이들.

르칠 교사를 채용할 계획이라고 했다.

타냐를 따라 2층 구석 교실 문을 열고 들어갔다. 털 달린 가죽옷을 걸친 에벤키 아이 10여 명이 자리에 앉아 있었다. 에벤키족 전통 복장이다. 여학생들은 알록달록 구슬로 장식한 머리띠까지 썼다. 한국에서 온 손님들에게 그동안 공부한 것을 보여준다며 차례로 나와 춤을 추고, 시를 낭송하고, 노래를 불렀다. 아이센(9세)이 읊은 에벤키어 시는 제목이 '순록'이었다. 순록의 까만 눈과 빠른 다리, 따뜻한 털을 묘사하는 내용이라고 했다.

아오리카(10세)와 알리나(10세)는 다른 친구들과 함께 전통 노래에 맞춰 춤을 췄다. 떠오르는 태양을 맞이하는 내용이다. 아오리카는 야쿠츠크가 고향이다. 소방관 아버지와 기자 어머니는 오래전 올레뇨크 에벤키 마을에서 도시로 이주해왔다. 아오리카의 부모는 에벤키어를 한 마디도 모른다. 할머니도 잘 못 한다. 아오리카가 집에서 에벤키 말을 가장 잘한다. 아이센과 알리나의 집도 마찬가지다.

아오리카와 아이센, 알리나는 에벤키어 수업이 영어나 프랑스어 수업보다 재미있다고 했다. 하지만 이 아이들도 몇 살 더 먹으면 사회에서 에벤키어를 쓸 일이 없다는 걸 알게 될 것이다. 타냐는 "고학년 아이들 사이에서 대학 가는 데 아무 필요 없는 에벤키 말을 왜 배워야 하느냐는 반응이 나오는 것도 사실"이라고 했다. 자녀를 굳이 이 학교로 보낸 부모들은 "아이들은 옛말을 잊은 우리와 달랐으면 좋겠다"고 말하지만 정작 그들도 일상에서 에벤키 말의 필요성을 느끼지는 못한다.

🖊 일루모와 파라카

에벤어가 여전히 살아 있는 세비안큐얼에서도 전통은 조금씩 흐릿해져가고 있다. 마을에서 만난 타티아나 할머니(64세)의 할아버지는 샤먼이었다. 옛날 순록치기들은 타티아나의 할아버지에게 대소사를 의논했다. 할아버지는 짐승 뼈를 태워 점을 쳤다. 20년 전 할아버지가 세상을 떠나면서 샤먼도 사라졌다. 순록치기들은 더 이상 짐승 뼈를 태우지 않는다.

옷차림과 사는 방식도 예전과는 달라졌다. 순록 가죽으로 만든 전통 복장과 신발 대신 고어텍스 옷과 방한화를 신는다. 옛날 순록치기들은 원뿔 모양으로 나무 기둥을 세우고 순록 가죽을 씌워 천막을 만들었다. 에벤 말로 이런 전통 천막을 '일루모'라고 불렀다. 이제 사람들은 순록 가죽 대신 합성섬유 천을 덮어 천막을 만든다. 일루모라는 이름은 사라졌다. 그저 '파라카'라고만 부른다. '천막'이라는 뜻의 러시아 말이다.

세비안큐얼의 유목학교와 순록을 치는 전통도 미래를 낙관할 수 없다. 지난 10년 새 야영장 세 곳이 사라지면서 순록치기 숫자도 20퍼센트가 줄었다. 일은 고되고 벌이는 적다. 국가 소유 순록 1200마리를 기르는 몫으로 들어오는 보조금은 어른 한 사람당 매달 2만~3만 루블(약 35만~52만 원) 정도다. 최근 몇 년 들어서는 기후까지 순록치기들을 불안하게 만든다. 기후변화는 이곳 시베리아에까지 영향을 미치고 있다. 나에즈다는 "봄이 점점 빨라지고 있다"고 했다. 예년이면 3월

기후변화는 순록들의 목숨까지 앗아가고 있다. 전염병이 크
게 도는 데다 저항력도 떨어뜨리기 때문이다.

말이나 돼야 날씨가 풀렸는데 이제는 한 달은 빠르게 봄기운이 느껴진다는 것이다.

순록은 추운 데서 사는 동물이다. 날씨가 따뜻해지면 살 곳이 줄어들고, 전염병이 돌 가능성도 커진다. 2016년 시베리아 반대편 야말반도에서 탄저병이 크게 돌았다. 러시아 당국은 이 지역의 순록 25만 마리를 도살했다. 야말반도 네네츠족이 기르는 전체 순록의 25퍼센트에 달하는 숫자였다. 전문가들은 부실한 예방 접종과 함께 기후변화를 주원인으로 꼽았다. 여름 들어 영상 35도 안팎의 더운 날씨가 한 달 넘게 이어지면서 순록의 저항력이 크게 약해졌다는 것이다. 나에즈다도 야말의 비극을 알고 있었다. 그는 "여기는 세상에서 가장 추운 곳이다. 여기까지 더워지면 순록과 우리는 어디로 가야 하느냐"고 물었다.

야영장의 그레고리와 에드가르는 아이들이 순록 일을 이어주길 바라지만 강요할 수는 없다고 했다. 어디까지나 아이들의 선택이기 때문이다. 코랴와 베레니카와 에드바르가 다른 일자리를 찾아 도시로 떠나면 세비안큐얼은 어떻게 될까. 에드가르는 "나와 내 조상들은 순록일을 해서 먹고살았다. 순록 문화가 사라지고 아이들이 모두 도시로 떠난다면 나이 든 사람만 살게 될 것이다. 평생 자연에서 순록과 함께 살아온 사람은 도시에서 살 수 없다. 나도 마찬가지다"라고 말했다.

✎ 유목민에게 학교란

사하 유목학교의 역사는 1930년대로 거슬러 올라간다. 스탈린 치하의 소련 정권은 시베리아에 학교를 세우고 유목민 아이들을 가르치게 했다. 하지만 교육 내용과 목표는 지금의 유목학교와 전혀 달랐다. 스탈린은 소수민족을 러시아화하려 했고, 교육을 그 도구로 삼았다. 시베리아 유목민 전통과 언어, 문화 교육을 최소화했다. 사하의 유목민들은 1990년대 들어 새로운 유목학교를 세우기 시작했다. 나에즈다가 코랴와 베레니카, 에드바르를 가르치듯 그들 고유의 언어와 전통을 가르쳤다. 소련이 무너지고 중앙집권적 교육이 흔들리면서 변화가 시작됐다. 그러나 유목민들의 의지가 없었다면 불가능한 변화였다. 러시아 교육학자 사길라나 지로코바는 에벤키족 유목학교의 역사를 주제로 한 논문에서 "새로운 유목학교를 만들어낸 것은 정부가 아니라 소수민족 자신들이었다"고 적었다.

지금 사하의 유목학교는 몇 안 되는 모범 사례로 꼽힌다. 세계 대부분의 유목민은 전통과 현대적 교육의 딜레마 앞에서 답을 구하는데 어려움을 겪고 있다. 교육은 유목민 아이에게 더 넓은 세상으로 나아갈 기회를 여는 문이 될 수 있다. 현대사회에 적응하기 위해서도 교육은 중요하다. 그러나 동시에 유목 전통을 끊어버릴 위험 또한 동반한다.

서아프리카에서 소와 양, 염소를 치는 풀라니족을 비롯한 나이지리아의 유목 인구는 940만 명이다. 학령기 인구도 330만 명이나 되지만 학교에 등록된 아이는 58만 명에 불과하다. 실제로 학교에 출석하는 학생은 그보다 더 적다. 나이지리아 정부는 1989년 유목교육국가위원회NCNE를 출범시키는 등 유목민 아이들을 교육의 장으로 끌어들이려 애써왔지만 큰 성과를 거두지 못했다. 풀라니족 어른들은 아이들을 학교에 보내야 한다는 주장에 "교육 자체를 반대하지는 않는다. 하지만 아이들이 학교를 졸업한 뒤 양을 잘 먹을 줄만 알지, 기를 줄을 모르는 사람이 되는 것이 두렵다"고 반응했다.

베레니키와 코랴, 에드바르.

순록을 베어물까요.

나이지리아 유목교육국가위원회의 북동 지역 담당 국장 마커스 브왈라는 2016년 현지 기자들에게 "풀라니 유목민들이 여기저기 옮겨 다니는 전통을 포기하지 않는다면 그들 후손은 앞으로도 학교에 다닐 기회를 갖지 못할 것"이라고 말했다. 그의 말처럼 정주생활을 기본으로 하는 현대 교육과 유목민 전통을 조화시키기는 쉽지 않다.

모로코의 베르베르 유목민은 이런 고민을 보여주는 또 다른 사례다. 최근 알자지라는 아틀라스산맥을 누비며 살았던 이 유목민족이 아이들을 학교에 보내기 위해 전통을 포기하고 있다고 보도했다. 베르베르 남성 다우드는 "아이들을 교육시키기 위해 정착생활을 시작했다"고 말했다. 모하메드라는 또 다른 유목민 아버지는 "천막생활을 하던 우리가 이제는 한곳에 머무르는 삶을 살고 있다"면서 "흙으로 벽돌을 만들어 집을 지었다"고 말했다. 알자지라는 "이들은 근본적인 변화를 겪고 있다"면서 "변화가 계속된다면 이들 어른과 아이는 모로코의 마지막 유목민으로 남게 될 것"이라고 적었다.

사하 유목학교는 앞으로도 모범 사례로 남을 수 있을까. 그레고리와 아나스타샤 부부는 "우리 역할이 중요하다"고 했다. 나에즈다는 조금 더 낙관적이다. 그는 "에벤의 몸속에 흐르는 피를 믿는다"고 했다.

세비안큐얼에서 야쿠츠크로 돌아오는 길, 눈 쌓인 언덕 위를 다니는 순록 수십 마리를 만났다. 출산을 앞둔 암컷들이었다. 어미 순록은 누가 알려주지 않아도 알아서 새끼 낳을 곳을 찾아낸다고 했다. "아이들이 도시로 떠날 수도 있다. 하지만 언젠가는 돌아와 순록들과 함께 살게 될 것"이라던 나에즈다의 말이 떠올랐다. 본능적으로 새끼 낳을 곳을 찾는 순록처럼, 에벤의 아이들도 그들 조상과 같은 삶을 살게 되기를 어른들은 조용히 기원하고 있었다.

3

있는 그대로의 나로 존중받고 싶어

미국 뉴욕
'하비밀크 고등학교'

정말 이상한 학교였다. 변덕이 심한 미국 뉴욕 하늘에 모처럼 봄이 찾아온 5월 초, 자동차와 사람이 뒤섞인 맨해튼 이스트빌리지 거리에 있는 한 건물. 구글 지도를 보고 코앞까지 쉽게 갔지만 한참을 기웃거렸다. 주소는 맞는데 어느 곳에도 학교라고 쓰여 있지 않았다. '헤트릭마틴재단HMI'이라는 문구를 발견하고서야 문을 두드렸다.

"어서 와요!" 진한 보라색 반팔 셔츠를 입은 직원이 환하게 웃었다. 직원 한 명이 지키고 있는 건물 입구는 '웰컴센터'라고 불린다. 학생들은 일종의 학생증인 'ID 카드'를 태블릿에 찍고 들어가야 한다. 단순히 출입 기록을 남기려는 것이 아니다. HMI의 선임 프로그램 디렉터인 브리짓 휴스는 "카드가 별것 아닌 것 같지만 학생들에게 소속감을 갖게 하는 중요한 수단"이라고 했다. 아무 표시가 없는 동그란 칩 모양의 카드도 있다. 가족에게 자신의 성 정체성과 성적 지향을 털어놓지 못한 학생들이 쓴다.

MISSION

The Center for LGBTQ Youth Advocacy and Capacity Building advocates on behalf of lesbian, gay, bisexual, transgender and questioning (LGBTQ) youth by influencing policy on local, national and international levels, while helping to build the capacity ision-makers, individuals and institutions that HMI's Center is

LGBTQ 아이들은 이곳에서 유일하게
소수자가 아닌 다수자로 존중받는다.

웰컴센터는 'LGBTQ'를 위한 공간으로 가는 길목이다. LGBTQ는
레즈비언, 게이, 양성애자bisexual, 트랜스젠더와 자신의 성정체성을 규
정하지 않은 사람Questioner을 말한다. 남들이 '성소수자'라고 부르는 이
들은 이곳에서만큼은 소수자가 아니다. 브리짓은 "성소수자 아이들의
존재 자체를 환영하기 위한 목적으로 이곳을 만들었다. 이성애자가 압
도적 다수인 환경에서 그 아이들이 행복해질 수 있도록 도와주려고
한다"고 말했다. 카드와 같은 멤버십도 '여기에 속해 있다'는 것을 알려
주려고 만든 것이다. 언론 담당 게이브리얼 블라우가 거들었다. "어떻
게 보면 여기가 아이들에게는 하나뿐인 데다 가장 안전한 곳이지. 잘
왔어. 여기야말로 이상하고 아름다운 학교야."

✎ 트랜스퍼 스쿨의 특별한 이야기

HMI는 하비밀크 고등학교와 건물 3층을 함께 쓴다. 오후 3시쯤 고등학교의 정식 수업이 끝나면 이곳은 HMI의 방과 후 프로그램 공간으로 변한다. 하비밀크 학생뿐 아니라 학교를 다니지 않는 성소수자 청소년, 특히 지낼 곳 없는 청소년들이 참여한다. 열세 살부터 스물네 살까지 다닐 수 있다. 성소수자가 아니더라도 놀림이나 괴롭힘, 폭행 등으로 고통받는 청소년 누구에게나 열려 있다.

HMI가 걸어온 역사는 꽤 길다. 1979년 정신과 의사 에머리 헤트릭과 뉴욕대 교수 데미언 마틴이 어린 성소수자들을 돕고자 손을 맞잡은 것이 시작이다. 이들은 게이라는 이유로 홈리스 쉼터에서도 폭행을 당하고 버려진 열다섯 살 소년의 이야기를 듣고 재단을 세웠다. 1984년 HMI는 뉴욕시 교육청 직업교육센터와 공동으로 두 학급이 있는 작은 학교를 열었다. 1977년 샌프란시스코 시의원에 당선되며 미국 최초로 선출직 공직자가 된 동성애자 하비 밀크의 이름을 땄다.

HMI가 운영하던 학교는 2003년 7월 뉴욕시 교육청으로 넘어갔다. 공립학교이지만 일반 학교와는 조금 다른 '트랜스퍼 스쿨'이다. 일반 학교에서 이런저런 이유로 적응하지 못한 학생들이 이곳으로 전학해 온다. 재학생은 매년 60명 안팎으로 작은 규모다.

공립학교로 지정될 당시 학교 앞은 지지자와 반대자들이 각각 찬반 시위를 열어 시끌시끌했다. 공립화에 찬성한 이들은 성소수자 청소년들이 괴롭힘 걱정 없이 다닐 수 있는 학교가 생겼다며 환영했다. 반면

왼쪽부터 존 필즈, 라벤더, 새미 유인
티지.

"수학에도 '게이 수학'이 따로 있느냐"며 성소수자를 위한 공립학교가
생겨나는 것에 반감을 드러내는 이도 많았다. 건물 밖에 학교 이름이
붙어 있지 않은 이유를 알 것 같았다. 한 학생은 "아직도 성소수자에
대한 시선이 곱지 않기 때문에 학생들을 보호하려고 그렇게 했을 것"
이라고 귀띔했다. 아직 미성년인 성소수자 학생들이 공부하는 하비밀
크 고등학교는 공식적으로 취재할 수 없었지만 HMI가 그곳에서 하는
프로그램들과 학생들의 말을 통해 이 특별한 학교의 이야기를 들을
수 있었다.

✎ "아이들이 아니라 시스템이 실패한 거지"

HMI는 매일 미술, 춤, 노래 등 다양한 프로그램을 연다. 하지만 누가 몇 시에 와야 한다는 규칙은 없다. 학생들은 듣고 싶은 프로그램에 자유롭게 오면 된다. 그저 간식을 먹으러, 휴대전화를 충전하러 와도 상관없다. 브리짓이 들려준 이유는 간단했다. "어떤 학생들은, 학교에 다니면서 한 번도 수업 시간이 안전하다고 생각해본 적이 없어. 그런데 이런 소중한 공간이 생기니까 그냥 와서 가만히 있는 것만으로도 위로를 받는 거야."

단순히 시간을 때우거나 놀기만 하는 곳은 물론 아니다. 대학에 가고 싶은 아이들을 위해 고등학교 졸업 검정고시나 대학 입학시험을 도와주는 프로그램도 있다. 브리짓은 "성소수자 아이들 중에는 고등학교를 졸업하지 못하는 이가 많다"고 했다. 예전에는 검정고시에 대한 인식이 좋지 않았지만, 5년 전부터 시험이 어려워지면서 그런 인식은 바뀌었다. 하지만 공부를 잘하는지 못하는지, 시험에 붙었는지 떨어졌는지는 이곳에서 그다지 중요하지 않다.

이날 303호에서는 직장을 구하는 것을 돕는 인턴십 프로그램이 한창이었다. 학생과 교사가 일대일로 머리를 맞대고 상담했다. 304호에서는 '예술과 분노' 프로그램 선생님 2명이 수업을 준비했다. 아이들은 이 수업에서 울분에 찬 감정을 그림으로 표현하며 마음을 다스린다. 미술 선생 헤나는 아이들에게 킥복싱과 같은 무예를 가르치기도 한다. "주말에도 아이들이 와서 함께 춤추고 그림도 그리고 킥복싱을 해. 벽에 흑인의 역사를 그려놓은 것도 봤어? 다 아이들이 한 거야. 9월에는 아이들이 만든 작품으로 전시회도 열 거야.”

'괴롭힘은 그만' 곳곳에 이런 문구가 붙어 있었다. 손목에 채워진 수갑을 끊는 그림 아래는 '자유'라는 두 글자가 있었다. '여긴 너희에게 안전한 곳이야.' '난 너와 함께야.' 학교 벽에는 계속 무언가를 속삭이는 듯 다양한 메시지가 담겨 있었다. 화장실은 성별이나 장애와 상관없이 이용할 수 있는 '성 중립 화장실'이다. 하이틴 영화에서 많이 본 듯한, 빨간 페인트로 칠한 캐비닛이 복도에 줄지어 있다. 대부분 하비 밀크 고등학교 학생들이 쓰지만 일부는 홈리스 아이들이 짐을 보관하

학생들은 이곳에서 울분에 찬 감정을
드러내며 자기 마음을 다스려나간다.

는 데 쓴다.

아트 스튜디오의 캐비닛에는 물감, 도화지, 붓이 한가득 들어 있다. 안쪽으로 들어가면 상담을 위한 작은 방이 여러 개 나온다. 문 앞마다 작은 소음을 내는 기계가 놓여 있다. 아이들이 솔직하게 털어놓는 이야기가 밖으로 새어나오지 못하게 하기 위해서다. 상담실에선 에이즈를 일으키는 인간면역결핍바이러스HIV, 대학 진학을 비롯해 온갖 이야기가 오간다.

많을 땐 하루에 100명이 오기도 하고, 적게는 40명 정도가 온다. 이날 오후 5시 댄스 수업에는 아무도 오지 않았다. 날씨가 좋았던 데다 세계적으로 유명한 '프리즈 아트페어'가 열려 다들 구경을 나갔기 때문이다. 게이브리얼은 "우리가 프로그램을 기획하지만 누가 들으러 올지는 알 수 없다"며 웃었다. 그러고는 벽에 붙은 종이를 가리켰다. 2017년과 2018년 대학에 지원한 학생들 이름이 적혀 있었다. "다니던 학교에서 3번씩 정학이나 퇴학을 당한 아이들이 여기로 오는데, 이런 친구들이 대학에 간다는 건 정말 대단한 일이야. 그 아이들이 실패한 게 아니라 시스템이 실패했다는 뜻이지. 우리를 통해서 성장해나가는 모습을 보면 정말 자랑스러워."

✂ 아이의 성 정체성을 따라가는 건 일종의 여행

열여덟 살 서맨사 베츠는 하비밀크 고등학교에 다닌다. 남자로 태어

낳지만 스스로 여자라고 생각하는 트랜스젠더. 부모가 그에게 지어준 이름은 '제라드'였으나 지금은 '서맨사'로 산다. 열 살 때 본 TV 리얼리티 프로그램 「저지 쇼어」의 등장인물 '새미'가 맘에 들어 자기가 고른 이름이다. 새미는 서맨사의 애칭이다.

서맨사의 어머니 모리코는 10년째 성소수자 부모 모임에 참여하고 있다. 뉴욕의 성소수자 부모 모임을 통해 어렵게 모리코와 연락이 닿았다. "어릴 때부터 쇼핑하러 가면 항상 여자 옷을 보러 달려가더라고. 처음엔 게이가 아닐까 생각했어." 뉴욕 루스벨트 아일랜드의 아파트에서 만난 모리코가 입을 열었다. 성소수자 아이들이 스스로 목숨을 끊는 비율이 높다는 통계를 본 엄마는 두려움에 우울증까지 겪었다. 서맨사가 여섯 살이 됐을 때쯤 뉴욕의 유명한 상담사를 찾아갔다. 상담사가 내놓은 해결책은, 모리코의 말을 빌리면 "말도 안 되는 것"이었다. "남자애들이랑 더 놀게 하고 아버지와 시간을 많이 보내도록 하라는데, 얼마나 어이가 없던지."

서맨사는 아직 서류상으로는 남성이다. 성전환 수술도 받지 않았다. 열두 살이 되기 전까지 부모는 아이가 편한 대로 놔뒀다. 그러다가 서맨사가 열두 살이 지났을 때부터 'She(그녀)'라고 칭했고, 호르몬 치료를 받게 했다. 하지만 가족이 서맨사를 받아들인다고 해서 모든 문제가 해결되는 것은 아니었다.

서맨사 가족은 뉴욕으로 이사 오기 전까지 롱아일랜드에 살았다. 서맨사는 그곳 학교에 다니던 시절을 "심한 따돌림을 당하진 않았지만 항상 소외된 느낌이었다"고 기억했다. 딸이 열여섯 살이 되자 모리

서맨사(가운데)는 트랜스젠더로 하비밀크 고
등학교로 전학 온 뒤 소외감에서 벗어났다.

코는 하비밀크 고등학교로 전학하는 게 어떻겠냐고 물었고, 서맨사도
기쁘게 받아들였다. 기차를 타고 1시간 반씩 통학을 하면서도 서맨사
는 마냥 즐거웠다.

혼자 방에만 있던 서맨사가 거실에 나와 부모님과 고양이와 시간을
보내기 시작한 것도 이때부터다. "한 달쯤 지나 친구를 많이 사귀고
나니 나한테 맞는 학교라는 걸 느꼈어요. 소속감이 생기니까 학교에
가고 싶어졌고요. 사람 대 사람으로 이야기할 수 있는 선생님들이 있
다는 것도 정말 좋아요." 가족은 결국 뉴욕으로 이사를 왔다.

서맨사의 말에 따르면 하비밀크의 교육과정은 여느 공립학교와 크
게 다르지 않지만 밖에서 하는 활동이 많다. 가장 좋아하는 활동은

벽화 그리기다. 성소수자의 상징인 무지개처럼, 그리고 싶은 걸 다 표현할 수 있어서다. 지난 3월엔 브로드웨이 뮤지컬 「킹키부츠」 무대에 올랐다며 상기된 표정으로 말했다. 그는 뮤지컬 끝 무렵에 트랜스젠더 댄서로 출연했다. 남성에서 여성으로 전환한 소방관을 만날 수 있었던 것도 이 학교에 다녔기 때문이다.

"LGBTQ가 뭔지도 정확히 모르는 상태에서 천천히 시작했다. 아이가 성적 정체성을 드러냈을 때 부모에겐 갑작스러운 일일 수 있지만, 나에겐 일종의 여행이었다." 서맨사의 아버지 피터는 성소수자 자녀를 키우는 것을 '여행'으로 표현했다. "처음엔 나도 뭘 어찌해야 할지 몰라 어렵기도 했고 고집도 부렸지만 긴 시간이 지나 여기까지 왔다"고 했다. 모리코는 "느린 혁명"이라고 말했다. 남자로 살도록 강요하지도, 여자가 되도록 북돋지도 않았다. 가장 중요한 건 딸이 원하는 것이었다. 서맨사는 스타일리스트가 되거나 메이블린 같은 화장품 브랜딩에 몸담고 싶어한다. 부모는 그 꿈을 응원할 생각이다. 서맨사는 이런 부모를 만난 것이 "행운"이라고 했다. 여전히 주변에는 부모에게 인정받지 못한 성소수자 친구가 많다.

🖋 게이라는 이유로 욕먹을 순 없잖아

스물네 살 존 필즈에게는 그런 행운이 따르지 않았다. 한참을 집 없이 떠돌이 생활을 했다. 어머니가 일찍 돌아가셔서 할머니 손에 자랐다. 어느 날 할머니는 짐을 싸주며 하비밀크 고등학교에 가라고 했다.
게이 손자와 연을 끊겠다는 뜻이었다. 2009년에 입학했지만 공부에
집중할 수 없었고, 하비밀크 졸업장을 따지 못했다. 하지만 계속 HMI
프로그램에 참여해 고등학교 졸업 검정고시에 합격했다. 지금은 컴퓨
터 앞에 앉아 이력서를 쓰는 데 공을 들이며 일자리를 찾으려 애쓰고
있다. 아트 스튜디오 탁자에 둘러앉은 존과 취재진을 보며, 지나가던
HMI 직원 모두 한마디씩 했다. "존은 학생이지만 직원처럼 지내는 터
줏대감"이라고.

　"놀라워." 이곳이 자신에게 어떤 의미를 갖는지 물었더니 돌아온 답
이다. 존은 갑자기 고개를 떨궜다. 눈물이 뚝 떨어졌다. "어디서 자야
하나 고민을 많이 했는데 집도 찾아주고…… 게이라는 이유만으로 여

왼쪽부터 글리슨GLSEN의 조지프 코
지, 테이트 벤슨, 베카 무이.

전히 심한 욕을 듣지만 적어도 이곳에선 그렇지 않아." 사람들이 자신을 있는 그대로 받아들이지 않아서 속상한 모습이었다.

올해 스무 살이 된 새미 유인터지에게 이곳은 "내가 불리고 싶은 대로 불리는 공간"이다. 남자로 태어났지만 여자로 산다는 이유로 아버지에게 구타를 당하며 자랐고, 열일곱 살 때 집에서 쫓겨났다. 가족에게 버림받은 상처는 시간이 지나도 봉합되지 않았다. 새미는 "얼마 전 아버지가 미안하다고 사과했지만 한번 돌아선 마음은 쉽게 되돌이켜지지 않는다"며 "나를 있는 그대로 사랑해주는 사람이 많지 않아 슬프다"고 했다. 새미는 검정고시를 준비하기 위해 두 달 전부터 이곳을 매일 찾고 있다. 공짜로 밥도 주고 상담도 해주는 것이 마음에 든다고 했다.

"'라벤더'라고 불러줘." 레게 머리가 인상적인 한 친구는 본명을 말하기를 꺼렸다. 스물세 살의 트랜스젠더인 그는 "이곳은 좋은 사람들을 만날 기회, 돈 벌 기회 같은 미래를 만들게 해주는 곳"이라고 말했다. 자신과 비슷한 사람이 많다는 것 자체가 좋다고 했다. 포토저널리즘에 관심이 많다는 그는 스마트폰을 꺼내들고 "내 카메라"라며 씨익 웃어보였다. "사진도 많고 예술도 많은 그런 인생"을 살고 싶다고 했다. 꿈이 뭐냐고 물었더니 "세계를 정복하고 싶어"라는 답변이 돌아왔다. 라벤더의 말에 모두 웃음이 터졌다.

✂ 샤워를 같이 하면서 친분을 쌓다

'안전한 성관계를 위해.' 308호에 들어서자마자 왼쪽 선반에 붙은 서랍 맨 위 칸의 문구에 눈길이 갔다. 안에는 콘돔이 들어 있다. 생리컵이나 남성 생식기 모형을 쓰고 싶으면 직원에게 문의하라는 안내문도 있었다. 샴푸, 생리대, 데오도란트, 린스, 면도기와 면도크림, 비누, 로션이 칸칸이 채워져 있다. 서랍 위 선반엔 구두와 운동화들이 가지런히 놓였다. 오른편 옷걸이에는 다양한 사이즈의 셔츠가 걸려 있다. 바지와 레깅스, 넥타이, 벨트는 바구니에 정리돼 있다. 이 방의 이름은 '팬트리pantry'다. 식료품 저장실을 뜻하는 방 이름처럼, 출출함을 달래줄 간식도 언제나 대기 중이다.

브리짓은 "여기서는 자기가 입고 싶은 대로 입을 수 있다"고 말했다. 자신의 성 정체성을 드러내기 싫어하는 이들은 학교 안에서는 여자옷을 입고 있다가 나갈 때 여기서 남자 옷으로 갈아입기도 한다. 5명이 들어가면 꽉 찰 정도로 작은 공간이지만 가장 활용도가 높은 곳이기도 하다. 브리짓은 "5년 안에 이 방을 두 배로 늘리고 싶다"는 바람을 드러냈다. 또 다른 문을 열면 사워장이 나온다. 하비밀크 고등학교학생들과 HMI 프로그램 참가자들은 샤워장에서 같이 씻으면서 친분을 쌓는다. 서로 옷을 골라주며 '패션 코디네이터'를 자처하기도 한다. 팬트리에는 세탁기가 두 대 있는데 직원이 학생들 옷가지를 모아 한꺼번에 돌릴 때가 많다.

게이브리얼은 "여기서 교육이 시작된다"고 말했다. "옷은 자신을 드러내는 수단이어서 아이들에게 매우 중요해. 집이 있든 없든, 교육은 공부만 가르치는 게 아니거든. 밥은 먹고 다니는지, 잘 자기는 하는지, 안전한 집이 있는지 두루 살펴줘야 아이들이 공부하고 싶은 마음이 들지. 아이들 스스로 자신에게 어떤 것이 필요한지 깨닫고, 우리에게 요청하도록 하는 게 우리 임무야. 이게 교육의 시작이야."

운영 비용은 어디서 나오는지 궁금해졌다. 뉴욕시가 절반 정도 보조해주고, 나머지는 개인이나 기업의 후원을 받는다. 특히 패션 회사들이 옷을 보내주는 등 지원을 아끼지 않는다고 한다. 최근에는 유명 화장품 브랜드 직원들이 와서 아이들에게 화장법을 알려주고 제품을 나눠주기도 했다. 여러 지원 덕분에 아이들을 다방면으로 도울 수 있게 됐다. 매주 세 차례 의료진이 와서 학생들 건강을 살핀다. 또 일 년에 두 번씩 학생들을 대상으로 HIV 검사를 한다. 운전면허증을 발급받거나 아기가 태어나서 출생신고를 해야 하는데 관공서에 혼자 가기 싫다면 여기 직원들에게 주저 없이 문의하면 된다. 이곳 직원들은 기꺼이 아이들의 보호자가 될 준비가 돼 있다.

오후 5시. 슬슬 배꼽시계가 울릴 때다. 아이들이 삼삼오오 카페테리아로 모여들었다. 이날 저녁 메뉴는 데리야키 치킨과 미트볼, 라자냐였다. 신선한 샐러드와 볶음밥도 곁들여져 나왔다. 밥을 먹을 때에도 HMI 직원이 함께 한다. 직원들은 정오부터 밤 8시까지 이곳에 머문다.

밥, 집, 가족, 사랑. HMI의 최고경영자CEO인 토머스 크레버는 "성소수자 아이들도 우리와 똑같은 걸 필요로 한다"고 말했다. 이성애자인 부모는 자신이 경험해보지 못했기 때문에 성소수자인 자식을 완벽히 이해할 수는 없다. 그래서 성소수자 청소년들은 가정, 학교, 사회와 연결되기 힘들다. 토머스는 "그 아이들이 느끼는 부족함을 찾아 채워주려고 한다"면서 심리학자 에이브러햄 매슬로의 '욕구 5단계설'을 들었다. 1단계 먹고 자는 생리적 욕구, 2단계 추위와 질병과 위험에서 스스로를 보호하려는 안전의 욕구, 그리고 3단계 사랑과 소속감을 느끼려는 욕구가 충족돼야 스스로를 존중하고(4단계) 재능과 잠재력을 발휘하고 싶어하는(5단계) 존재로 나아갈 수 있다는 것이다. 아이들에게 따뜻한 밥 한 끼를 먹이는 '핫밀' 프로그램을 운영하는 건 이런 이유

HMI의 최고경영자 토머스 크레버.

에서다.

　기본적인 욕구가 해결되면 다음 단계는 몸과 마음의 건강을 찾는 것이라고 토머스는 강조했다. 이곳 프로그램에는 예체능 수업이 많다. "청소년들은 대개 말로 감정을 표현하는 데 서툴러. 오히려 노래를 하거나 그림을 그리는 게 쉬울 수 있지. 그런데 가장 아쉬운 게 뭔지 알아? 이런 기관이 있다는 것조차 모르는 아이가 많다는 거야." 직원들은 집 없는 성소수자 청소년들을 찾아다니는 데 많은 시간을 보낸다. 밥 먹고 샤워하고 빨래도 할 수 있는 '너희를 위한 공간'이 있다는 것을 알려주기 위해서다.

✎ 교사가 먼저 다가갈 것

　이 세상에서 사라지는 것을 최종 목표로 삼고 일하는 단체가 있다. 게이, 레즈비언 등 성소수자와 이성애자의 교육 네트워크라는 의미를 가진 '글리슨GLSEN'이다. 이 단체가 실시한 조사에 따르면 성소수자 학생이 '학교에서 안전하지 않다'고 느끼는 비율은 일반 학생보다 3배나 높다. 고등학교를 졸업하지 못하는 비율도 성소수자 학생이 3배 높다. 글리슨은 안전한 교육 환경을 만드는 활동을 한다. 모든 학교에서 성소수자 청소년이 안전해질 수 있다면 글리슨은 더 이상 존재할 필요가 없어진다. 1990년 매사추세츠의 교사 그룹에서 출발한 이 단체는 뉴욕에 본부가 있고 미국 전역에 걸쳐 40개 지부를 두고 있다.

"내가 원하는 대로 나를 불러줘."

뉴욕 본부의 안내 데스크에는 네 가지 색깔의 배지가 수북이 쌓여 있다. 노란 배지에는 'He'라고, 연두색 배지에는 'She'라고 쓰여 있다. 파란색 배지에는 'They'라는 대명사가 적혀 있고, 자주색 배지는 빈 칸이었다. 글리슨의 교육 매니저 베카 무이는 "나를 이렇게 불러달라 는 의미를 담고 있다. 자주색 배지에는 자신이 불리고 싶은 대로 적으 면 된다"고 설명했다.

사무실의 방 각각에는 유명한 성소수자 활동가의 이름이 붙여졌다. '베이어드 러스틴' 방에서 베카와 이야기를 나눴다. 1970년대 성소수 자 인권을 위해 힘쓴 시민운동가다. 베카는 가장 먼저 글리슨의 '안전한 공간 키트Safe Space Kit'를 내밀었다.

교사를 위한 이 키트에는 성소수자 청소년에게 안전한 환경, 나아가 모든 학생에게 긍정적인 학습 환경을 조성하는 데 필요한 조언이 담겨 있다. 키트는 안내책자와 스티커 10장, 포스터 2장으로 구성되어 있다. '이곳은 레즈비언, 게이, 양성애자, 트랜스젠더와 그들을 지지하는 이들에게 안전한 공간이다.' 무지개색 바탕의 포스터에는 이런 글이, 스티커에는 '안전한 공간'이라는 말이 쓰여 있다. 교사는 복도나 교실에 포스터와 스티커를 붙여 자신이 성소수자에게 친화적인 교육자임을 알릴 수 있다. 청소년 프로그램 담당자 테이트 벤슨은 "성소수자는 차별이 두려워서 본인을 잘 드러내지 않기 때문에 교사가 먼저 다가가는 것이 중요하다"고 말했다.

42쪽짜리 책자를 펼쳐봤다. '안전한 공간은 성소수자 학생들을 환영하고 지원하는 환경을 말한다.' 성소수자 학생들을 지원하기 위해서 교사가 해야 할 일과 하지 말아야 할 일도 설명해놓았다. 예를 들어, 학생들을 대하면서 모든 해법을 안다고 생각하거나 지키지 못할 약속을 해서는 안 된다. 그 대신 잘 듣고, 비밀을 지키고, 스스로의 편견에 주의를 기울여야 한다. 이 책이 제시한 것들은 이렇다. 눈에 보이는 지지자가 될 것, 당신에게 커밍아웃할 학생들을 지원할 것, 성소수자를 혐오하는 언어와 행동에 대응할 것, 성소수자 학생들과 성소수자 인권을 지지하는 '앨라이Ally'의 모임을 지원할 것.

✎ '앨라이'가 필요해

'앨라이'는 성소수자를 지지하고 행동하는 이들을 말한다. LGBTQ에 동의하지만 마음속으로만 지지를 보낸다면 앨라이가 아니다. 핵심은 '행동'이다. 베카는 "앨라이는 굉장히 중요한 단어다. 단순히 '나는 그들을 지지해'라고 말하는 것을 넘어, 잘못된 게 있으면 적극적으로 행동하는 사람들이 필요하다"고 말했다.

글리슨은 미국에서 첫 학기가 시작되는 9월에 '앨라이 주간'을 지정한다. 성소수자 학생들에 대한 동료들의 지지가 생각보다 강하다는 것을 강조하면서 고정관념과 따돌림을 줄이는 것이 목표다. 이 기간에 앨라이들은 "모든 학생이 안전하고 괴롭힘을 당하지 않는 학교를 위한 태도를 갖춘다"는 서약서에 서명하고 성소수자를 무시하는 언어를 쓰지 않을 것을 약속한다. 소셜 미디어에서 앨라이와 관련한 해시태그 달기 운동도 벌이곤 한다.

매년 4월에는 '침묵의 날'이 있다. 글리슨은 2018년엔 4월 27일을 침묵의 날로 삼았다. 이날 행사에 참여한 학생들은 하루 종일 침묵하며 성소수자와 앨라이에 대한 괴롭힘과 따돌림에 저항했다. 왜 침묵일까. 테이트는 "그동안 성소수자 학생들은 침묵을 강요받았다는 것을 생각해보면 된다"고 귀띔해줬다.

글리슨은 성소수자 학생들과 앨라이들이 학교 안에서 '게이·이성애자 연대GSAs'를 만들도록 홍보활동을 펼치기도 한다. 성 정체성과 성적 지향에 구애받지 않는 학교를 만들기 위한 일종의 방과 후 클럽이

게이와 이성애자가 연대하는 그날을
위해 앨라이는 '행동'을 중시한다.

다. 서로 고민을 상담하기도 하고, 바깥에 나가서 캠페인을 벌이기도 한다.

"우리가 연대의 중요성을 강조해도 결국 연대가 생기는 건 학교에 있는 학생이나 교사의 손에 달렸다." 리서치 분야 총책임자인 조지프 코지는 모두에게 안전한 환경을 성소수자들만의 힘으로 만들 수는 없다고 강조했다. "모두가 역할을 해야 해. 학교를 바꾸기 위해 선생이든 학생이든 앨라이가 될 수 있지. 백인 성소수자와 흑인 성소수자의 경험은 또 다를 수 있으니까. 서로가 서로를 도울 수 있으니 전체를 봐야 해."

✎ 모두가 바뀌지 않더라도

몇 해 전 글리슨은 안전한 공간 키트를 미국의 모든 중학교, 고등학교에 보내는 캠페인을 했다. 얼마나 많은 학교가 응답했는지 궁금했다. "키트가 잘 쓰였는지 따로 확인하지는 않았어. 바로 쓰레기통에 들어갔을지도 모르지." 너무나 '쿨'하게 조가 대답했다. "중요한 포인트는, 늘 어딘가에는 성소수자를 받아들이지 못하고 싫어하는 사람들이 있다는 거야. 그들에게 억지로 생각을 바꾸라고 강요하진 않아. 이미 관심을 갖고 돕고 있는 사람들에게, 어떻게 따돌림을 효과적으로 막을 수 있는지 가르쳐주고 있어. 적극적으로 원할 때 우리가 도울 수 있는 거지."

그래도 미국은 한국보다는 상황이 나은 것 같다고 했더니 베카는 고개를 살짝 저었다. "미국도 지역마다, 학교마다 분위기가 달라. 우리가 조사해보니 도시 학교보다 시골 학교에서 성별 표현이나 성적 취향에 대해 부정적인 의견을 들을 가능성이 높았어. 아직도 할 일이 많다는 뜻이지."

인터뷰가 끝나갈 무렵이었다. "조금 더 천천히 왔으면 '자긍심 행진 PRIDE PARADE'을 볼 수 있었을 텐데." 베카가 아쉬운 목소리로 말했다. 1969년 6월 뉴욕 그리니치빌리지의 '스톤월 인' 주점에서 성소수자들이 경찰의 무시와 탄압에 맞서 싸웠다. 이 스톤월 항쟁 1주년을 기념하기 위해 1970년 6월 센트럴파크에서 성소수자들이 자긍심 행진을

성소수자들의 성지로 일컬어지는 스톤월 인.

크리스토퍼 공원의 게이 커플과 레즈
비언 커플 조각상.

한 뒤 연례행사로 자리잡았다. 2018년엔 6월 24일 뉴욕 거리에서 성
소수자들이 정체성을 마음껏 드러내며 즐겁게 거리를 누볐다.

짬을 내서 스톤월 인을 찾았다. 유리창에 걸린 네온사인 앞에서 기
념사진을 찍는 동성 커플들이 보였다. 건너편에 있는 크리스토퍼 공원
벤치로 향했다. 이 공원과 스톤월 인은 2016년 버락 오바마 행정부 때
성소수자 인권 운동을 기념하는 국가 기념물로 지정됐다. 아담한 공원
에는 마주보고 이야기하는 게이 커플과 레즈비언 커플 조각상이 있다.
맞은편 벤치에 자리를 잡으니 무지개 깃발이 날리는 주점 건물이 한

눈에 들어왔다.

매년 서울시청 앞 광장도 무지개 깃발로 물든다. 이때 성소수자 부모들은 '프리허그' 행사를 열어 성소수자들을 따뜻하게 안아준다. 항상 그 반대편에서 한복을 입고 부채춤을 추는 이들을 잠시 떠올렸다. "퀴어축제는 음란 축제"라며 보수층의 표를 모으려 한 유명 정치인의 말도 생각했다. 그런 모습을 보면서 성소수자 아이들은 어떤 생각을 할까. '환영받지 못한다'고 느끼는 이 청소년들에게 한국의 학교는 어떤 공간이 되어줄 수 있을까.

4

소녀들의 방학

—

케냐 마사이
'나닝오이 여학교'

텅 빈 줄 알았던 초등학교 건물을 따라 걷다가 깜짝 놀랐다. 컴컴한 교실 뒤쪽에 누군가가 있었다. 듬성듬성 깨진 창문을 넘어 들어오는 햇빛을 조명 삼아 골똘히 책을 보고 있는 두 소녀는 깊은 눈동자의 초등생 알리스와 동생 벨리스타였다. 수학을 좋아한다는 알리스가 수줍은 듯 몸을 살짝 꼬아가며 뭔가를 보여줬다. 만점짜리 시험지였다. 교사를 꿈꾸는 알리스는 이른 아침 5킬로미터를 걸어 학교에 왔다. 분명 방학이라고 했는데……

옆 교실에서도 인기척이 느껴졌다. 키가 삐죽 큰 8학년들은 11월에 있을 시험을 준비하고 있다고 했다. 하루에 몇 시간이나 공부하느냐는 질문에 "24시간"이라고 대꾸하고 눈치를 살피던 장난기 어린 남학생은 "오전 6시부터 오후 3~4시까지" 한다고 고쳐 답했다. 교실 벽에는 '꿈꾸고, 담대하게 실행하라'는 교훈이 붙어 있다. 열네 살 여학생 도르커스는 "방학에도 오전에는 학교에 나와

케냐 아이들은 방학에 누가 시킨 것도
아닌데 학교에 나와 공부를 한다.

마사이 아이들의 뜀박질은 가젤처럼
우아하고 가볍다.

공부하고, 오후 1시쯤 집에 가서 집안일을 돕는다"고 말했다. 장래 희망이 궁금하다고 하자 아이들은 앞다퉈 축구 선수, 엔지니어, 과학자, 변호사라는 답을 쏟아냈다. 친구들 사이에서는 어떤 직업이 가장 인기냐고 물었더니 다들 멀뚱히 얼굴을 마주보며 말이 없다. 영문을 묻자 돌아온 답. "다들 재능이 다른데, 그런 게 어디 있어요?"

우문의 민망함에 밖으로 시선을 내뺐다. 비어 있던 운동장은 어느새 공을 차는 아이들로 활기를 띠었다. 노란 스커트를 입은 여자 아이가 놀라운 속도로 골문을 공략했다. 마사이 아이들의 뜀박질은 사바나의 가젤처럼 가볍고 우아하다. 마치 약속이나 한 듯 축구를 하는 아이들의 손에는 연필이 꼭 쥐어져 있다.

케냐 마사이족 아이들은 방학에도 학교에 나온다. 등 떠민 것도 아닌데 굳이 이른 아침부터 등교에 나서는 이유가 있다. 전기가 들어오지 않아 한낮에도 컴컴한 전통 가옥 마냐타가 공부하기 좋은 환경이 아니기도 하고, 학교에 나오면 같이 뛰어놀 친구들이 있기 때문이기도 하다.

🖋 방학 때도 왜 학교에 갈까

더욱 절박한 이유로 방학에도 학교를 떠나지 못하는 아이들이 있다. 이들을 만나기 위해 이른 아침 나이로비를 출발했다. 개코원숭이 한 무리가 도로 옆을 지나는 것을 보며 "사파리가 따로 없다"고 환호할 때만 해도, 수스와산이 내다보이는 전망대의 작은 카페테리아에서 마치 한국의 '옛날 도나스' 같은 밀가루 튀김 만다지로 아침 식사를 할 때만 해도, 케냐인은 아침에 케냐AA 커피가 아닌 차이티라테를 더 즐겨 마신다는 것을 알게 됐을 때만 해도, 그렇게 긴 여정이 될 줄은 몰랐다.

동승한 마사이족 셀리나의 안내로 나이로비와 나로크를 잇는 카만두라–마이마히우–나로크 로드를 달리다 은툴렐레에서 좌회전해 비포장도로로 접어들었다. 지루한 건기 끝에 내린 비가 여기저기 물웅덩이를 만들어놓았다. 진창에서 한 차례 건져낸 낡은 승용차는 거대한 강을 이룬 들판에 접어들자 더 이상 쓸모가 없어졌다. 학처럼 긴 다리를 가진 셀리나는 "이제부터는 걸어야 한다"며 저만치 앞장섰다. 진흙탕에 미끄러질까, 가랑이가 찢어질까 초조해하며 정신없이 그를 쫓는 사이 마사이 수호신이라 해도 좋을 신묘한 분위기의 목동 할아버지가 홀연히 나타나 긴 지팡이로 물의 깊이를 헤아리며 안내를 했다.

"강을 건너면 피키피키를 타고 갈 거야." 몇 차례 통화 끝에 셀리나가 동원한 비상수단 피키피키는 오토바이였다. 후드 티셔츠에 청바지, 운동화로 멋을 부린 마사이 청년이 모는 오토바이 뒷좌석에 올라탔다. 청년과 셀리나 사이에 샌드위치처럼 낀 볼썽사나운 모양새를 하고는 울퉁불퉁한 진흙길의 충격을 엉덩이로 고스란히 흡수해야 했다. 10분이면 된다는 레이스는 어느새 25분을 넘기고 있었다. "오늘 안에 갈 수 있을까?" 셀리나가 외쳤다. "하쿠나 마타타!" '다 잘될 거야'라는 뜻의 스와힐리어다. 「라이온킹」 같은 애니메이션에나 나오는 말인

줄 알았는데 취재 중 셀리나로부터 여러 번 이 말을 들었다.

숙소를 나선 지 7시간 만에 나닝오이 여학교에 도착했다. 카지아도 지역 모시로 마을에 위치한 나닝오이는 1999년에 설립된 마사이 최초의 여학교다. 페인트칠이 군데군데 벗겨진 교문을 밀고 들어서자 한 무리의 소녀들이 "셀리나"를 외치며 뛰어 나왔다. 한 외신 기사는 나닝오이의 뜻을 '평화의 장소'라고 소개했다. 이는 좀 과한 의역이다. 나닝오이의 뜻은 '합의'다. 결혼을 미뤄주면 소녀들을 무료로 교육시키겠다는, 학교와 아버지들의 약속 혹은 거래인 셈이다.

2018년의 나닝오이는 세월의 더께를 고스란히 덮어쓰고 있었다. 성한 것을 찾는 게 더 어려울 정도로 만신창이가 된 유리창, 수만 번 지

셀리나를 반기는 나닝오이 여학교의 학생들.

우고 다시 써서 본래 기능을 잃은 듯한 칠판, 페인트를 언제 칠했는지 가늠조차 하기 어려울 정도로 헐벗은 벽. 신산스런 학교 풍경은 둘러보는 족족 마음을 무겁게 했다. 하지만 실망한 티를 낼 수는 없었다. 이 소녀들에게는 이 학교가 기댈 수 있는 유일한 언덕이다. 4월은 8월, 12월과 함께 1년에 세 번 있는 방학 기간이다. 그럼에도 학교에는 스무 명 이상의 여학생이 있다. 집에 있다가는 집안일을 하느라 공부를 포기하게 될 수도 있고, 할례를 받게 될지도 모르며 무엇보다 강제로 결혼하게 될 위험도 있다. 소녀들이 학교를 떠나지 못하는 이유다.

🖋 소녀들을 구하라

"이 학교가 아니었으면 나도 조혼의 희생양이 됐을 거예요." 스물다섯 살의 셀리나 은코일은 나닝오이 1회 졸업생이다. 누군지도 모르는 남성과의 결혼을 앞두고 있던 아홉 살의 셀리나는 엄마와 알고 지내던 마저리 카부야의 도움으로 나닝오이에 진학했다.

마사이 사회에는 가족의 명예를 지킨다는 명분으로 여성 성기의 일부 혹은 전부를 절제하는 할례FGM가 여전히 남아 있다. 지저분한 환경에서 녹슨 면도칼 따위로 이뤄지는 할례로 인해 감염, 만성 통증, 과다 출혈 같은 합병증을 얻거나 사망에 이르기도 한다. 케냐 정부가 이미 1990년에 불법으로 규정했고 시민사회단체의 인식 개선 캠페인도 많았으나 케냐의 15~19세 여아 중 할례를 겪은 아동은 11퍼센트에 이른다. 할례는 곧 성인식으로 여겨지고, 할례 이후 바로 결혼을 시키는 조혼도 많다. 케냐에서는 18세 이하 소녀의 결혼 비율이 32퍼센트에 달한다.

중혼이 흔하고 손녀뻘 아내를 들이는 데 부끄러움이 없는 마사이 사회에서는 많은 소녀가 어린 나이에, 심지어 태어나기도 전에 정해진 결혼에 맞닥뜨린다. 소 한 마리 혹은 알량한 지참금에 딸의 미래를 판다. 이 악습에서 소녀들을 지켜내기 위해 시민운동가 마저리 카부야가 나닝오이를 세웠다. 학생 4명을 시작으로 지금까지 수백 명의 졸업생을 배출했다. 나닝오이는 마사이 소녀들의 희망이 됐다. 결혼이 유예된 여학생들은 최신식 교실과 기숙사를 갖춘 이 학교에서 원 없이 공부했다. 나닝오이는 카지아도주 최고의 학교로 통했다.

"후원 단체의 지원이 중단되고 학교가 정부에 넘겨진 뒤 상황이 나빠졌어요. 학부모들은 수업료를 낼 형편이 되지 않았고 결국 학생 수는 줄었죠. 지난해 학교에 돌아와 보니 그런 상황이었어요. 재학생이 100명이 안 되면 학교 문을 닫아야 해요. 슬픔이야 이루 말할 수 없죠. 내 사랑 나닝오이. 나닝오이는 내 인생을 구했는데. 지금이야말로 나닝오이가 나를 필요로 하는 때라고 느꼈어요."

고등학교를 마치자 어머니는 "너무 많이 배웠으니 이제 그만 마린(마사이 전사)과 결혼하라"고 했다. 대학에 가기로 결심한 셀리나는 등록금을 벌기 위해 나이로비, 나로크 등지에서 일했다. 중고 의류 수입업체에서도 일한 셀리나는 한국을 폴리에스테르 소재의 중고 의류 최대 수출국으로 기억한다. 모교의 실상을 알게 된 셀리나는 나닝오이

살리기에 돌입했다. 뜻을 함께하는 이들과 '나시파이 프로젝트'를 결성한 뒤 조혼과 할례의 위험에 처한 소녀들을 구조해 나닝오이로 보내는 작업을 하고 있다.

소셜 미디어를 통해 세계를 대상으로 후원금을 모집하고, 마사이 전통 액세서리를 팔아 재원을 마련하고 있다. 나시파이 프로젝트로 구출된 소녀들에게는 교복, 책, 위생용품, 침구, 학용품 등을 제공한

소녀들의 반란

셀리나는 나닝오이를 통해 조혼과 할례의 위험에 처한 소녀들을 구하는 일을 하고 있다.

다. 덕분에 나닝오이의 재학생은 200명 수준을 유지하고 있다. 하지만 20년 가까이 방치된 학교 시설을 손볼 여건은 못 된다. 셀리나는 "여학교라 청결이 정말 중요한데 기숙사 욕실과 화장실을 수리하지 못하는 게 정말 안타깝다"고 했다.

이목구비가 반듯한 테레노이는 어린 나이에 이미 두 번의 강제 결혼을 했고 가까스로 구출됐다. 스스로 집을 탈출해 나닝오이로 온 아이들도 있다. 코코얀과 레손 자매는 마사이 라디오 방송을 통해 셀리나의 활동을 접한 뒤 사흘 밤낮을 걸어서 안식을 찾았다.

✎ 소녀들을 구하는 '빛의 프로젝트'

한눈에도 범상치 않은 아우라가 느껴지는 시민운동가 캐럴은 2006년부터 조혼과 할례 위협에 놓인 마사이 소녀들을 위한 활동을 해왔다. 그들에게 밝은 미래를 열어주겠다는 의미를 담아 빛이라는 뜻의 '타왕가 프로젝트'라는 커뮤니티를 만들었다. 유니세프는 전 세계에서 연간 1200만 명의 소녀가 강제 조혼을 하는 것으로 추정한다. 케냐는 1990년대부터 18세 이하의 결혼을 금지하고 있지만, 사법 기관과 결탁한 남성 기득권층에 대한 처벌은 제대로 이뤄지지 않는다.

이 때문에 캐럴은 구출활동 못지않게 인식 개선 캠페인에도 목소리를 높이고 있다. 카지아도주 일비실 기숙학교에서 '얼굴을 공개하지 않는다'는 조건으로 타왕가 프로젝트를 통해 구출된 소녀 3명을 만날

강제 조혼에서 구출된 소녀들.

수 있었다.

"나와 같은 스토리를 가진 아이들이 곁에 있다는 데에서 용기를 얻어요. 제가 도움을 받았듯이 학생들을 돕고 지지해주는 선생님이 되고 싶어요." 큰 눈을 천천히 깜빡이며 말하는 수카타는 열 살이라는 나이가 믿기지 않을 정도로 체구가 작았다. 이 아기 새 같은 소녀가 불과 1년 전 스물일곱 살의 남성과 강제 결혼했다가 구출됐다는 설명을 듣자마자 염치없는 한숨이 나오고 말았다.

열 살에 결혼해 반복적인 강간과 강제 노동에 내몰려 우울증에 시달리고 고통스러운 시간을 보냈던 레베카는 "이제 집에 돌아가는 것도 두렵지 않다"고 말할 정도로 단단해졌다. 일흔이 넘는 노인에게 시집간 지 1년 만에 도망쳐 나온 열세 살 채러티는 "아직도 부모가 나에게 왜 그런 짓을 했을까 생각하면 슬프다"고 말했다.

유치부부터 8학년까지 300여 명이 다니는 룸브와 초등학교에서도 방학을 잊은 여학생들을 만날 수 있었다. 케냐의 학제는 초등 8학년, 중등 4학년, 대학 4학년으로 구성돼 있다. "방학이라 (구조 단체에 의해) 구출된 여학생들 위주로 남아 있는데 그 외에도 공부에 집중하고 싶어하는 아이들, 일을 시키는 부모를 피하려는 아이들, 또 가뭄으로 가축에게 먹일 물을 찾아 가족이 떠난 뒤 남겨진 아이들도 방학 동안 학교에 머물고 있습니다."

모세 시포 교장은 2012년에 지어 비교적 시설이 좋고 깨끗한 건물을 여학생 기숙사로 지정했다. 이 학생들을 위해 방학에도 사감 선생님이 상주하며, 급식도 준다. 11월 시험을 앞둔 학생을 위해 수학 교사 오위디가 특강을 하고 있었다. 정갈하게 교복까지 갖춰 입은 학생들은 흐트러짐이 없었다.

케냐에서 만난 마사이족에 대해 적자면, 얼마든지 아름다운 이야기만 쓸 수 있을 것 같다. 다정하고 기품이 있으며 선량하다. 하지만 극단적인 가부장주의 전통도 언급하지 않을 수 없다. 그리고 역대 최악이라는 가뭄도. 2018년 초 닥친 가뭄은 가뜩이나 어려운 공동체를 궁지로 몰아넣었다.

✎ 가축에 삶을 너무 의존하다보면

케냐의 43개 부족 중 최대 부족은 키쿠유(22퍼센트)다. 그 외에 루야(14퍼센트), 루오(13퍼센트), 칼렌지(12퍼센트), 캄바(11퍼센트), 키시(6퍼센트), 메루(6퍼센트) 등이 있다. 마사이는 '소수 부족' 범주에 들어있다. 20세기 초만 해도 마사이는 케냐에서 가장 강력한 부족이었다. 그러나 1904년 영문도 모른 채 강제 협정을 맺고 유럽 정착민에게 영토의 3분의 2를 빼앗긴 뒤 부족민들은 케냐와 탄자니아로 흩어졌다. 이후 현대 문물을 빠르게 흡수한 다른 부족과는 대조적으로 마사이는 전통적인 생활 방식과 지식을 고집스레 유지하고 있다. 사내아이가 용맹스런 전사로 인정받으려면 통과의례로 수사자 한 마리를 사냥해야 하는 전사의 부족 마사이는 터전을 잃어가는 야생동물들과 더불어 생존 위협에 직면해 있다.

"만년설로 뒤덮인 정상이 고개를 내민 흔치 않은 날"이라며 현지인들도 가던 길을 멈춰 아프리카의 최고봉 킬리만자로를 사진에 담던 날, 카지아도주 나망가 지역 마일롸 마을의 한 집을 찾았다. 소똥과 진흙, 나무 등속으로 지은 전통 가옥 마냐타의 입구는 ㄷ자 모양으로 꺾여 있었다. 야생동물의 침입을 막기 위한 것이라 했다.

6제곱미터 남짓한 내부에서는 작은 방 두 개가 부엌 겸 공용 공간을 마주보고 있었다. 스마트폰 손전등 모드로 불을 밝히고서야 시야를 확보했지만, 이내 매캐한 그을음에 눈물이 흘러내려 다시 눈앞이 흐려졌다. 작은 화덕 위에서는 내내 물이 끓고 있었다. 체감 온도는 섭씨

소녀들의 방학

40도를 넘었다. 출산 2주차에도 불구하고 기꺼이 외부인을 맞아준 노르파라쿠아의 품에는 여덟째 아들이 안겨 있었다. 전통 의상인 빨간색 체크무늬 '슈카'를 입은 맏아들 코이파텍(16세)의 얼굴에는 걱정이 가득했다.

케냐는 몇 년째 극심한 가뭄을 겪고 있고, 2017년에는 비상사태를 선포하기까지 했다. 라니냐로 인한 기상이변으로 비가 오지 않은 탓이다. 주요 농작물의 생산량이 줄고 주식인 옥수수의 가격이 폭등했다. 몇몇 지역에서는 식량과 식수, 가축을 약탈하는 사례도 발생했다. 그중에서도 목축을 업으로 삼는 마사이는 가뭄에 가장 취약한 집단이다.

"소가 25마리였는데 지금은 한 마리밖에 남지 않았어요. 전에는 숯이라도 만들어 내다 팔았는데 아이를 낳은 지 얼마 안 돼 그마저도 할 수 없네요. 그래서 아이를 학교에 보내지 못할 거 같아요." 아들딸 차별 없이 모두 학교에 보냈던 엄마도 참혹한 가뭄으로 가축이 떼죽음을 당하고 남편마저 집을 나가자 속수무책이 됐다. 코이파텍의 방에는 죽은 소들의 목에서 떼어낸 방울을 고이 담아둔 가마니가 놓여 있었다. 정부는 2003년부터 초등교육을, 2008년부터 중등교육을 무상으로 실시하고 있다. 하지만 가난한 유목 부족 부모에게는 교복값조차 큰 부담이다. 학기당 6만~7만 원 하는 교육비 부담 때문에 소년은 좌불안석이었다.

"이전 세대는 오직 목축업이라는 전통을 지키며 살았지만, 가축에게 지나치게 의존하다보니 이번처럼 큰 가뭄이 오면 삶을 영영 잃게 돼요. 우리 세대는 공부를 통해서 지속 가능한 직업을 갖기 위해 노력해야 한다는 걸 알게 됐어요. 아마 학교에 다니지 않았다면 세상이 이렇게 넓고 다양한 모양을 갖고 있다는 걸 몰랐을 거예요."

작지만 단호한 목소리였다. 소년은 작은 나무상자를 꺼내오더니 마사이 구슬로 만든 목걸이에 달아둔 열쇠로 자물쇠를 풀었다. 그 안에는 책과 노트가 들어 있었다. "너무 소중해 다른 사람이 만지는 게 싫어서 잠가두었다"고 했다. 평소에는 뒷마당에서 나무상자를 책상 삼아 공부한다.

어려서 라이트 형제의 전기를 재미있게 읽은 코이파텍은 항공 엔지니어를 꿈꾼다. 초대 대통령의 이름을 딴 명문 조모케냐타대학이 목표냐고 묻자 엷은 미소를 짓던 소년은 '미국'을 이야기했다. 제도권 교육을 받은 마사이족은 마사이어, 스와힐리어는 물론 공용어인 영어를 자유롭게 구사한다. 소년의 세계는 드넓은 사바나를 넘어선 지 오래다. 취재에 동행했던 케냐 월드비전의 남부 지역 책임자 하나 날레는 기자가 한국으로 돌아온 뒤에 '코이파텍이 계속 학교를 다닐 수 있게 됐다'는 낭보를 전해왔다.

✎ "엄마처럼 살지 마"

근처의 또 다른 '보마'를 찾았다. 마사이족은 마냐타 몇 개를 울타리로 에워싼 작은 집성촌 보마를 형성해 모여 산다. 팔남매를 둔 네니아

8남매를 둔 네니아이(왼쪽)와 패리 부부가 자
녀 교육에 대한 허심탄회한 이야기를 들려줬다.

이(50세)와 패리(41세) 부부는 이번 가뭄으로 소 29마리와 염소 7마리를 잃었다. 그동안 소를 팔아 아이들을 교육시켰다는 네니아이는 "딸아이 중 한 명이 이제 중학교 2학년이 되는데 학교를 못 보낼 판"이라며 혀를 찼다. "이렇게 무서운 가뭄은 겪은 적이 없다"고 아내 패리도 거들었다. "아이들에게 물려줄 유산은 교육밖에 없어요. 지금 같은 삶의 방식으로는 생계유지 수단이 목축밖에 없잖아요. 아이들이 교육을 받으면 다른 세상을 알게 되니 교육이 중요하죠."

아이들이 자라서 교사, 파일럿, 의사 같은 안정적인 직업을 가졌으면 좋겠다는 아버지는 딸의 장래 희망인 간호사도 긍정적으로 고려하고 있다. 네니아이는 마사이 사회에서는 보기 드문 아버지다. 아버지와 딸만큼 가깝지만 먼 사이가 없다. 서로 말을 섞는 것조차 꺼릴 정도로 내외하는 부녀도 있다고 한다. 엄마에게 질문을 하면 안내를 해준 월드비전의 여성 직원이, 아빠에게 물으면 남성 직원이 각각 통역을 해줬다. 임신과 출산, 여성 할례 얘기를 꺼내자 다소 난감해하기도 했다. 이런 분위기에서 나온 패리의 대답은 마사이 여성에 대해 품고 있던 선입견을 보기 좋게 깨뜨렸다.

"방학을 맞아 (기숙학교에 간) 딸아이가 집에 오면 나 같은 인생을 살지 말라고 얘기해요. 이를테면 학교 교육을 받지 못한 채 어린 나이에 아이를 낳는 삶 말이에요." 남성들을 에워싼 공기가 어색해졌지만, 패리는 멈추지 않았다. "어른을 공경하고 공동체가 화합하면서 사는 문화는 좋지만 악습은 따르면 안 된다고 가르치고 있어요."

월드비전의 인식 개선 교육을 받기 전까지는 패리도 여성 할례를 왜

가난한 나라에서는 여학생의 취학률
이 남학생에 비해 많이 뒤떨어진다.

하면 안 되는지 의문조차 품지 못했다. 이제 엄마는 할례를 받게 한
맏딸에 대한 미안함을 감출 수가 없다. 그 뒤로 패리는 '엄마모임'을
만들어 다른 주민들에게 할례의 위험을 알리는 활동을 하고 있다. "그
이후 네 딸은 할례를 받지 않게 했어요." 이날은 부부의 딸을 만나기
위한 방문이었으나, 폭우로 불어난 강물로 다리를 건너지 못한 딸은
끝내 약속 시간 안에 귀가하지 못했다. 그래도 안도하고 자리를 뜰 수
있었다.

유엔 여성교육이니셔티브UNGEI가 최근 발간한 보고서에 따르면 전세계 국가 중 66퍼센트만이 초등교육에서의 양성평등을 실천하고 있다. 지역 간 불균형도 여전하다. 북아프리카와 중동에서는 남학생의 12퍼센트, 여학생의 18퍼센트가 학교에 다니지 않는다. 가난한 나라일수록 여성의 교육률이 남성보다 낮다. 나이지리아에서는 중등교육을 받는 남학생 100명당 여학생 수가 75명에 그친다.

✎ 케냐 아이들에게 젠더 감수성을

1971년부터 교직에 몸담아온 시포 교장은 "마사이가 교육의 필요성을 깨닫기 시작한 지는 오래되지 않았다"고 말했다. 과거에는 '귀한 자식'일수록 가업인 유목 기술을 가르치고, 생물학적 친자가 아니라고 의심되거나 덜 소중히 여기는 아이를 학교에 보냈다는 것이다. 여러 아내 중에서 별로 애틋하지 않은 아내와의 사이에서 낳은 자식을 학교에 보내는 식이었다. 전통을 지켜야 한다는 의식이 커서 제도권 학교 교육에 대한 저항이 컸다. 몇몇이 사회에 진출해도 소수 부족이라 주류에서 밀리거나 소외되곤 했다.

케냐항공 최고 경영자를 지낸 티투스 나이쿠니는 입지전적인 인물이다. 마사이 사회에서 자랐지만 교사 아버지를 둔 덕에 나이로비대학에서 기계공학을 전공한 뒤 하버드 비즈니스스쿨까지 다녀올 수 있었다. 카지아도 일대를 오가는 동안 "저 철조망으로 쳐진 땅이 모두 그 사람 땅"이라는 얘기를 여러 차례 들었다. 하지만 부자 사촌이 나왔다고 마사이족의 교육 의지가 커지지는 않았다. 정재계를 이끄는 주류는 키쿠유족이다. 키쿠유족이 "역대 대통령 대부분이 키쿠유 출신"이라며 자랑을 늘어놓자 마사이족은 "마사이는 천국에서 왔어. 그래서 소와 양은 우리에게 속해 있지"라고 응수했다. 못 말리는 마사이의 자긍심에 키쿠유족은 고개를 절레절레 흔들었다. 마사이의 교육률이 다른 부족보다 현저하게 떨어지자 정부는 보조금을 줘가며 학교 교육을 유도했다. 그러나 보조금보다 강력한 동기가 된 것은 성공한 딸의 귀환이었다.

"셀리완이라는 소녀가 있었는데, 공부를 하겠다며 조혼을 거부했어

오실리기 지역의 롬브와 초등학교.

요. 원로들은 그 아이를 저주했죠. 결국 셀리완은 지역사회를 떠나 돈을 벌고 대학 교육도 받았어요. 이후 나로크에 사는 남성과 결혼한 뒤 엄청나게 많은 선물을 들고 고향을 방문했습니다. 셀리완의 아버지는 온 동네에 딸 자랑을 하고 다녔어요. 그게 많은 자극이 됐습니다."

이 셀리완이라는 여성은 마사이 사회에서 성공한 딸 교육의 모범 사례이자 전설이 됐다. 여기서 그치지 않고 셀리완은 다른 여성 네 명과 의기투합해 학교를 짓는 데 힘을 보태고 어려운 후배들의 후원활동도 하고 있다고 한다.

시포 교장은 지속적인 캠페인 덕분에 여성 교육에 대한 인식은 많이 개선됐다고 했다. 하지만 최근 마사이는 새로운 문제에 봉착했다. 시

나망가 지역의 누시키토크 초등학교.

포 교장은 전교생 수를 적어놓은 칠판을 가리켰다. 6학년까지 꾸준하던 학생 수가 7, 8학년에 이르자 급속히 떨어졌다. 특히 남학생의 수는 1학년에 비해 4분의 1밖에 되지 않았다.

"남학생도 15세 전후로 할례를 받습니다. 이는 곧 성인이 된다는 의미라 부모들은 아들을 결혼시키거나 전사가 되기 위한 교육을 받게 합니다. 가족의 생계도 짊어져야 하고요. 이 아이들도 학교를 다닐 수 있게 지켜줘야 하는 상황입니다."

올도니오 오록의 카레로 초등학교 피터 로케린 교장 역시 같은 이유로 꼭 필요한 것이 기숙학교 시설이라고 강조했다. "남자아이끼리 서로 센 척하고, 그러지 않으면 전통을 따르지 않는 것으로 여겨 서로를 압박하는 문화(모라니즘)로 인해 학교를 그만두는 애들도 있습니다. 학교 안에 기숙 시설을 지어 아이들을 보호하고 교육하는 것이 이 사회에서는 너무나 절실합니다."

당초 카레로 초등학교를 방문해 학생들을 만날 예정이었으나 학교로 가는 유일한 길은 폭우로 불어난 강물에 끊겨버렸다. 로케린 교장은 차를 돌리며 "오늘처럼 강이 넘쳐서 애들이 등교하지 못하는 사태를 막기 위해서도 기숙학교가 필요하다"고 강조했다. 카레로 초등학교는 마사이 사회에서도 눈에 띄는 학업 성취도로 주목받고 있다. 비결을 묻자 그는 급식과 그네, 미끄럼틀 얘기를 꺼냈다. 학교란 단지 공부만 하는 곳은 아니라는 것. 그는 '선배'이자 '교사'로서 아이들에게 교육의 동기를 몸소 보여주는 데 큰 의미를 두고 있었다. "제가 생각하는 교육의 핵심 가치는 젠더 감수성입니다. 교사나 부모들에게도 항상

'아빠, 엄마, 교사 중 누구 하나라도 다른 생각을 가지면 아이의 교육은 실패한다'고 말합니다. 모든 아이가 동등하게, 사내아이나 여자아이나 똑같이 가르쳐야 한다고 늘 강조합니다."

✎ 우리는 박제된 부족이 아니다

마사이 사회의 변화 조짐은 여러 곳에서 감지할 수 있었다. 누시키토크 지역 학교 운영위원회에서 만난 원로들은 지역사회의 체질을 바꾸기 위해 심도 있는 의견을 주고받았다. 기후변화의 직격탄을 맞는 목축업에서 농업으로 주력 사업을 바꾸면 좀더 안정적인 정착생활을 할 수 있다는 데에 대개 공감하고 있었다. 나닝오이의 활동가 셀리나도 '퍼머컬처permaculture'를 공부할 계획이라고 했다. '퍼머넌트'와 '애그리컬처'를 합친 이 말은 자연과 인간 모두의 지속 가능성을 지향하는 생태 농업을 뜻한다.

케냐 인구의 70퍼센트 이상은 농업에 종사한다. 그중 채소와 면화는 경쟁력을 인정받고 있다. 운영위원회 간부인 알리 레투라 전 카지아도 주지사는 "견본 농장을 통해 농업의 효용성을 직접적으로 보여주는 일부터 시작해야 한다"며 "앞으로는 여성도 적극적으로 참여시켰으면 좋겠다"고 역설했다. 그러려면 교육 접근성부터 높여야 한다는 분위기가 조성됐다. 2018년 현재 누시키토크 지역의 대학 진학자는 200여 명으로 전체 구성원의 5퍼센트대에 불과하다.

케냐 월드비전은 여학생을 대상으로 나이로비 탐방 프로그램을 운영한다. 생리대 지원 사업도 꾸준히 펼치고 있다. 생리대는 소녀들의 존엄성을 되찾게 하는 동시에 결석 없이 매일 학교를 갈 수 있게 하는 마법을 발휘하고 있다. 최근 이 프로그램의 수혜를 받고 친구가 된 두 명의 마사이 소녀를 만났다. 에누마타시아니 여자중학교에 재학 중인 레헤마 느타이안 킨은 우수한 성적으로 교장 추천을 받은 학생이다. 하루 8시간 이상 공부하는 이유는 도시공학자가 되기 위해서다. "오늘처럼 비가 와서 도로가 끊기는 일이 없도록 튼튼한 도로와 다리를 짓고 싶어요." 자라면서 남학생에 비해 위축되거나 차별 대우를 받은 적이 있었느냐는 질문에 레헤마는 망설임 없이 고개를 저었다.

"제 친구 중에 노인과 결혼한 아이가 있어요. 그 아이 부모는 학교를 포기하게 했죠. 구세대는 교육의 중요성을 알아야 해요. 우리 사회는 일단 여성 할례를 그쳐야 하고, 남녀를 동등하게 대우해야 합니다." 마사이가 바뀌어야 하는 것에 대해 말할 때에는 거침없는 레헤마이지만, 그 역시 "세계인들이 춤이나 의상 같은 우리의 전통문화를 좋아한다고 생각한다"며 마사이의 자부심을 감추지 않았다.

8학년인 사만다 나세리안은 학교 내 아동권리클럽 총무다. "학생 스스로의 권리를 알리는 클럽이에요. 학교에 나오지 않는 친구들이 다시 올 수 있도록 단체나 지역 기관에 연락해서 도운 것이 가장 보람 있었어요." 사만다 또래 사이에서도 할례는 뜨거운 이슈였다. "친구들을 돕는 활동을 하면서 여성 이슈에 관심을 갖게 됐다"는 사만다의 꿈은 여자 아이들의 이야기를 널리 알리는 뉴스 캐스터가 되는 것

당찬 마사이 소녀 레헤마 느타이안 킨(왼쪽)과
사만다 나세리안.

이다. 사만다는 "마사이 하면 떠올리는 악습인 여성 할례도 점점 줄고 있고, 앞으로는 환경도 나아질 것"이라며 힘주어 말했다.

"여성을 가르치면 사회에 훨씬 더 기여할 수 있어요. 남자아이는 뭔가를 이루면 그것을 자신의 성취로 생각하지만 여성은 공동체에 기여하겠다는 마음이 더 커요. 우린 사회적 이슈에 민감하거든요." 열세 살 소녀들의 송곳 같은 성찰에 정신이 퍼뜩 들었다. 마사이는 더 이상 뻔하지 않았다. 민속촌의 박제된 부족이 아니다. 적어도 이 소녀들이 만나는 세계는 그럴 것이다.

5

우린
모두 같아요

—

스코틀랜드
'헤이즐우드 학교'

스코틀랜드 날씨는 변덕스럽고 을씨년스럽기로 악명 높지만 5월의 마지막 주는 내내 햇살이 좋았다. 호텔 직원부터 버스 기사까지, 마주치는 사람마다 "오늘 날씨 정말 좋다"며 인사를 건넸다. 스코틀랜드에서 가장 큰 도시 글래스고, 도심에서 조금 떨어진 곳에 있는 벨라하우스톤 공원의 나무와 잔디 위로 봄날 오전의 햇살이 눈부시게 내리쬐었다. 드넓은 잔디밭을 가로질러 공원을 나서면 울창한 나무 사이로 지붕이 야트막하고 몸체가 구불구불하게 뻗은 건물이 나타난다. 이곳의 이름은 헤이즐우드 학교. 2세부터 18세까지의 장애아들이 다니는 특수학교다.

빨간 카디건에 까만 바지를 입은 열다섯 살 리아가 학교 쪽문을 열고 밖으로 나왔다. 눈을 꼭 감고, 오른손에 든 지팡이로는 발이 움직이는 쪽 땅을 더듬었다. 일주일에 한 번씩 리아가 바깥에서 걷는 것을 지도해주는 이동 전담 선생님 샤론이 반 발짝 뒤를 따르며 끊임없이

눈이 보이지 않는 열다섯 살 리아는 일주일에 한 번 선생님과 함께 바깥에서 걷는 연습을 한다.

속삭였다. "도로 쪽으로 나가보자. 차 소리가 어디서 들리는지 생각해 볼까?" "되도록 길 가운데로 걷도록 연습해보자." 리아는 귀로 소리를 듣고 지팡이로 땅의 굴곡을 느껴가며 위치를 가늠해야 했지만 한 번 도 길을 잃거나 휘청이지 않았다. 리아가 앞을 보지 못하는 아이라는 사실을 순간순간 잊어버릴 정도였다.

리아는 선천적으로 눈이 보이지 않지만 지팡이만 있으면 꽤 능숙하 게 걸어다닌다. 이날 리아가 스쿨버스에서 내린 것은 오전 8시 50분. 스쿨버스는 휠체어를 내릴 수 있도록 돼 있고 보조교사들도 버스에 함께 타지만 리아는 혼자 지팡이로 계단을 짚어가며 가뿐하게 버스에 서 내렸다.

✎ 코르크 길을 따라 걷다

학교는 눈이 보이지 않는 아이들도 얼마든지 자유롭게 다닐 수 있도록 설계돼 있다. 계단이나 턱이 없는 것은 기본이다. 학교 정문을 열고 들어가면 복도를 가득 메운 짙은 베이지색 코르크 벽이 눈에 먼저 들어온다. 눈을 감고 손이 자연스럽게 닿는 위치를 더듬어보면 가로로 길게 홈이 파여 있다. 벽의 가로줄이 어느 순간 끊겼다면, 바로 옆에 교실이 있다는 뜻이다. 바닥을 지팡이로 더듬으면 교실 방향으로 안내해주는 가로줄을 느낄 수 있다.

"학교에 온 지 얼마 안 된 아이는 코르크 길을 따라 걷지만, 학교에 익숙해진 아이는 지팡이만 있으면 쉽게 다닐 수 있어요." 담임교사이자 이 학교의 부교감인 폴이 설명했다. 리아는 이제 학교 안에서는 지팡이 없이도 교실까지 찾아갈 수 있다. 현관을 지나 왼쪽 세 번째 교실이 리아가 다니는 너도밤나무반이다. 교실 문이 나오는 부분에서는 복도가 약간 넓어지는데, 좁은 공간에서 넓은 공간으로 이동할 때 발소리의 울림이 달라진다는 것만 알면 찾아갈 수 있다.

리아는 세 번째로 복도가 넓어지는 지점에서 정확히 좌회전한 뒤 지팡이를 교실 앞에 세워두고 문을 열었다. 눈이 보이지 않거나, 귀가 들리지 않는 아이들은 다른 감각을 이용하는 방법을 배워 부족한 감각을 보완한다.

"자, 모두 대답해봐요. 어젯밤에는 뭘 했나요?" 선생님이 묻자 리아와 아이들이 앞다퉈 대답했다. "음악을 들으면서 춤을 췄어요. 맛있는 걸 먹었고요.""네가 뭘 먹었는지 알겠구나. 리아가 가장 좋아하는 치킨카레를 먹었지?" 폴이 학교 일을 보느라 자리를 비운 사이 보조교사 헬렌과 린지, 애덤이 임시교사와 함께 아이들을 챙겼다.

리아와 마찬가지로 눈이 보이지 않는 스코트(14세)와 케이틀린(15세), 귀가 들리지 않아 수화로 대화하는 캐머런(13세), 지체 장애로 휠체어에 의지해야만 움직일 수 있는 베스(15세), 자폐증이 있는 케이티(15세)가 한 반에서 공부한다. 캐머런도 어제 한 일을 수화로 말했다. "저는 아이패드를 가지고 놀았고 샤워도 했어요." 캐머런의 말을 가장 잘 알아듣는 것은 청각 장애가 있는 보조교사 애덤이다. 스코트

너도밤나무반 아이들의 수업 풍경.

우린 모두 같아요

도 질세라 "저는 집에만 있었어요. 화장지를 아무데나 버려서 엄마한 테 혼이 났어요"라며 한마디 거들었다.

✐ 어린아이처럼 작고 발달도 느리지만

매일 아이들은 등교하면 학교 한가운데에 있는 카페테리아에 모여 잠시 함께 시간을 보내다가 교실로 들어온다. 오늘은 몇 월 며칠 무슨 요일인지, 날씨는 어떤지, 어제 무슨 일이 있었는지를 이야기하며 일 과를 시작한다. 한 반에 아이들은 6명씩이고 보통 교사 1명과 보조교 사 2~3명이 아이들을 챙긴다. 장애의 유형도, 필요한 것도 제각각인 아이들을 교사 한두 명이 챙기는 것은 불가능하다. 전교생이 59명인 학교에 교사와 보조교사, 돌봄 전담 직원, 요리사와 스쿨버스 기사 등 직원만 60명이다. 간호사와 음악 교사같이 외부에서 초빙되는 이들은 뺀 숫자다.

교사들은 아이들이 가능한 한 많은 것을 스스로 하도록 유도했다. "스코트, 오늘 점심은 뭘 먹을지 궁금하지 않아? 식당에 가서 점심 메 뉴가 뭔지 보고 올래?" 스코트가 고개를 끄덕이더니 교실 밖으로 나 갔다가 이내 돌아왔다. "오늘 점심은 토스트랑 로스트치킨이에요." 닭 고기를 좋아하는 리아가 활짝 웃더니 "리아는 로스트치킨을 먹을 거 야!"라고 말했다. 리아는 자신을 3인칭으로 말하는 버릇이 있다.

화창한 날씨에 선생님이 뒷마당으로 통하는 교실 문을 열어줬다. 비

캐머런과 케이틀린. 둘은 손을 꼭 잡고
다녔다.

슷한 장애가 있어도 아이들의 성격은 저마다 다르다. 활달하고 말이
많은 리아에 비해 스코트는 겁이 많고 조용한 편이다. "그네가 비어
있다"는 소리에 리아가 빠른 걸음으로 그네로 향하는 동안, 스코트는
문 앞 의자에 앉아 조용히 햇볕을 쬐었다. 케이틀린은 열다섯 살이지
만 몸집이 어린아이처럼 작고 발달도 느리다.

　캐머런은 뒷마당 놀이터에서 케이틀린의 손을 꼭 잡고 다녔다. 두
아이는 놀이터 한켠의 통나무집 안에서 마주보고 앉아 있는 걸 좋아
한다. 캐머런은 똑똑하고 독립적이다. 점심시간에도 다른 아이들이 밥
을 먹는 동안 캐머런은 교실에서 커다란 주사기와 튜브, 플라스틱 병

에 든 유동식을 들고 카페테리아로 나와 친구들 옆에 앉았다. 감각장애가 있는 아이들은 대개 한두 가지 신체적 장애를 더 가지고 있다. 입으로 섭취하는 음식으로 영양 공급을 받을 수 없는 캐머런 같은 아이에게는 위에 직접 연결된 피딩튜브로 음식을 넣어줘야 한다. 200밀리리터 정도 되는 불투명한 우유병 2개에 담긴 유동식이 오늘의 점심 식사다.

캐머런이 스스로 상의를 걷고 피딩튜브를 연결한 뒤 주사기에 유동식을 부어넣기 시작했다. 가만히 보고 있으니 보조교사 헬렌이 다가와 귀띔했다. "캐머런은 배를 드러내고 음식을 섭취해야 하는 시간에는 사람들이 쳐다보거나 다가가는 걸 부끄러워하고 싫어해요. 평소엔 순하고 착한 아이지만 지금은 가까이 가면 때릴 수도 있으니 물러서는 게 좋아요." 휠체어에 누워 있는 베스에게는 선생님이 피딩튜브로 음식을 넣어준다. 한참 동안 그네를 타다가 학교 밖 산책까지 하고 온 리아는 배가 고팠는지 순식간에 로스트치킨 한 그릇을 뚝딱 비웠다.

✎ "리아 지금 이케아 가요!"

이튿날 오후. 점심 식사를 마친 너도밤나무반 아이들이 겉옷을 챙겨 입고 현관문 앞 의자에 쪼르르 앉았다. 어디에 가냐고 묻자 리아가 들뜬 목소리로 말했다. "리아 지금 이케아 가요!"

너도밤나무반 아이들은 월요일과 목요일이면 학교 밖에 나가서 수업을 한다. 그날그날 배우는 내용에 따라 박물관에 가기도 하고, 공원에 가기도 한다. 오늘은 쇼핑몰 체험을 하는 날이다. 헤이즐우드 학교로 교생 실습을 나왔다가 곧 떠나는 페이지에게 선물할 액자를 사오는 게 오늘 쇼핑의 목적이다. 아이와 보조교사들이 스쿨버스 두 대에 나눠 타고 출발했다. 캐머런이 지팡이를 짚은 리아와 스코트의 손을 번갈아 잡아주며 버스에 타는 걸 도왔다.

가구와 생활용품을 파는 이케아는 학교에서 차로 15분 정도 떨어진 곳에 있다. 선생님과 몇 번 와봤지만 대형 쇼핑몰은 익숙해지기 어려운 공간이다. 아이들이 차에서 내리자마자 사고가 터졌다. 선생님을 따라 지팡이로 땅을 짚으며 쇼핑몰 입구를 찾아가던 리아가 인도 끝에서 순간 발을 헛디뎌 휘청했다. 아주 낮은 턱도 시각 장애가 있는 아이들에게는 위험하다.

학교 안에서는 어디서나 자신 있게 걷던 리아가 그 자리에 우뚝 서서 짧은 비명을 지르더니 양손으로 귀를 막고 울먹이기 시작했다. 낯선 곳에서 넘어질 뻔하자 깜짝 놀란 것이다. 폴이 얼른 달려가서 아이를 다독였다. "괜찮아. 걷다가 실수한 거야. 우리 어디서 넘어졌는지 찾아볼까?" 한참을 움직이지 못하고 서 있던 리아가 용기를 내서 지팡이로 넘어진 곳을 더듬어본다. "지팡이를 잘 써야 넘어지지 않아. 지금부터는 지팡이를 땅 위에서 잘 움직이며 걸어보자." 담임교사 폴과 보조교사 피오나에게 번갈아 한참을 안겨 있던 리아가 지팡이를 반원형으로 움직이면서 용기를 내 다시 걷기 시작했다.

쇼핑은 순탄하지 않았다. 케이티는 시시때때로 바닥에 주저앉았다.

빨리 차로 돌아가서 유튜브로 듣던 음악을 계속 듣고 싶다는 거였다. "안 돼, 케이티. 지금 우리는 쇼핑을 하러 왔잖아. 액자를 사고 나서 차로 돌아가면 다시 음악을 듣게 해줄게." 피오나가 단호하게 고개를 저었다. 헤이즐우드에서 교사들은 아이들을 오냐오냐하면서 키우지만은 않는다. 바깥에서 소리를 지르거나 바닥에 주저앉거나 혼자 돌아다니는 일이 없도록 한다. 아이들은 스스로를 지킬 만큼 강하지 않고, 학교를 졸업하면 바깥세상에서 스스로 살아남아야만 한다.

너도밤나무반 아이들이 학교 밖 수업의 하나로 쇼핑을 하는 모습.

평일 오후였지만 쇼핑몰은 꽤나 혼잡했다. 휠체어에 탄 아이 하나, 지팡이를 짚은 아이 셋, 시시때때로 주저앉는 아이 하나, 그리고 교사들과 취재진의 행렬은 붐비는 쇼핑몰에서 돌아다니기에는 대가족급이었다. 하지만 30분쯤 구석구석을 돌아다니면서 매장을 구경하고 필요한 물건을 고르는 동안, 불편한 기색을 보이거나 아이들을 꺼리는 쇼핑객은 단 한 명도 보지 못했다. 지팡이를 짚은 아이들이 지나가면 자연스럽게 길을 터줬고, 아이들이 모두 지나갈 때까지 기다려줬다.

폴에게 물어봤다. "이곳 사람들은 장애아에 대한 편견이 없나요? 아이들이 학교 밖으로 나가서 차별을 받을 때 대처하는 방법을 가르쳐줄 필요는 없나요?" 폴은 "편견은 크지 않은 것 같다"고 대답했다. "예전에는 사람들이 장애가 있는 아이를 만날 기회가 적었지만, 지금은 그럴 기회가 많아요. 아이에게 어떻게 반응해야 할지 모르는 이가 많은 건 사실이지만, 보통 사람들은 친절한 데다 아이들을 도와주고 싶어해요. 방법을 모를 뿐이죠."

🖋 건축, '홀로서기'를 돕다

영국에서 신체장애나 정신장애가 있는 아이는 일반 학교와 특수학교 중 하나를 선택할 수 있다. 일반 학교에서도 장애아에게 알맞은 교육 환경을 제공해야 하고 필요한 시설을 설치해줘야 하지만, 헤이즐우드처럼 처음부터 배리어프리(장애물이 없는) 학교로 설계된 곳은 많지 않다. 코르크 길뿐 아니라 바깥으로 나가는 길 주변에는 벽에 타일을 붙여 소재를 다르게 했다. 벽을 만지면서 걸으면 바깥으로 나가는 문이 어디쯤에서 나오는지 알 수 있다. 아이들은 벽을 만져보거나 약한 시력을 뚫고 들어오는 빛을 가늠하는 정도만으로 위치를 대략 가늠할 수 있다. 자신감을 갖고 혼자서 학교를 돌아다닐 수 있도록 하는 장치들이다.

벽에는 되도록 아무것도 붙이지 않았고, 복도와 벽과 출입문은 모두 강렬하게 대비되는 보색으로 칠했다. 시력이 약한 아이들이 색을 조금이라도 구분할 수 있게 하기 위해서다. 자연채광을 극대화하면서도 편안한 분위기를 만들었다. 눈이 약한 아이들에게 심한 자극을 주지 않기 위해 교실은 직사광선을 피한 북향으로 창문을 냈다. 빛이 아래로 떨어지는 조명과 위로 올라가는 조명을 적절히 섞어 그림자가 덜 생기도록 배려했다.

학교는 아이들의 감각을 깨우는 시설로 가득하다. '감각의 방'에 들어서자 영화 「겨울왕국」의 주제가인 '렛잇고'가 흘러나왔다. 깜깜한 방 안에는 누르면 소리가 나고 빛이 흘러나오는 감각판, 소리가 나는 은박지, 거울로 만들어진 공간이 들어 있다. 아이들이 노는 뒷마당에도 곳곳에 바스락거리는 모빌이나 종이 장식품이 매달려 있다. 아이들이 움직이며 소근육을 발달시킬 수 있도록 하기 위한 것이다.

한쪽에는 물 온도가 언제나 섭씨 36도로 유지되는 수영장이 있다. 지체 장애가 있는 아이들이 물에 들어갈 수 있도록 휠체어를 매달 수 있는 리프트 시설도 갖췄다. 트램펄린으로 재활 훈련을 하는 방, 마사지를 받는 교실도 있다. 화장실은 모두 남녀 구분이 없고, 휠체어가 들어갈 수 있는 시설을 갖췄다. 공립학교라 학비는 무료다. 아이들에게 들어가는 돈은 시의회가 부담한다. 글래스고 출신이 아닌 아이들의 학비는 해당 도시에서 부담한다. 특별한 치료나 마사지가 필요할 때만 본인 부담금을 조금 보탠다.

헤이즐우드 학교는 2007년에 지어졌다. 원래 이 동네 가까이에 특수학교 두 곳이 있었는데, 시설이 너무 낡은 데다 환경도 장애가 있는 아이들에게는 적합하지 않았다고 한다. 글래스고 시의회는 학교를 새로 짓기로 하고 건축가를 공모했다. 시내에 고급 호텔을 짓고 건축상까지 받은 유명 건축가 앨런 던롭이 선정됐다. 유명인이 학교를 짓겠다고 나서자 모두 놀랐다고 한다.

던롭은 설계 과정에서 감각장애가 있는 아이들, 특수학교 교사와 직원, 전문가들을 만나가며 의견을 들었다. 직접 안대를 쓰고 복도를 다녀보기도 했다. 밖으로 나가는 길에 타일을 설치한다든지, 코르크벽으로 눈이 보이지 않는 아이들을 안내한다든지 하는 아이디어는 이런 과정을 거쳐 나왔다. "독립심을 길러주는 동시에 아이들에게 편안하고 안정적인 느낌을 주기 위해서 노력했어요. 감각장애가 있는 아이들에게는 세상이 무섭고 벅차거든요." 운동복 차림으로 학교를 안내하러 나선 교감이 말했다. 장애아들의 의견을 반영해 설계하는 데만 18개월이 걸린 이 학교는 세계의 여러 건축 단체와 매체에서 뛰어난 학교 건축물로 선정됐다.

앨런 던롭이 설계한 이 학교는 장애가 있는 아이들이 세상을
너무 벅차게 느끼지 않도록 세심한 배려를 해 지어졌다.

✎ "반대했죠, 특수학교인 줄 몰라서"

학교 근처에는 서른 가구 정도가 사는 작은 마을이 있다. 주민들은 처음에 학교가 들어선다는 소식에 반대하기도 했다. 학교가 들어설 부지 바로 옆에 너무 큰 도로가 있어 등하굣길이 위험할 거라고 생각했고, 아이들이 휴식 시간에 근처를 오가면서 조용한 마을을 시끄럽게 할까봐 걱정이 든 것이다.

"그 학교가 특수학교라는 걸 몰랐어요. 특수학교라는 걸 알고 나서는 반대가 완전히 수그러들었죠." 이 마을에서 33년을 살았다는 로다(77세)가 말했다. 이웃에 사는 캐럴라인(61세)도 거들었다. "우리는 일반 학교라 생각하고 아이들이 걸어서 학교에 올 줄 알았거든요. 여기 아이들은 다 스쿨버스나 차로 학교에 다니더라고요."

주민들은 종종 학교를 찾는다. 크리스마스나 학기말 콘서트 때에는 학교가 주민들을 초대한다. 작은 마을이지만 학교에서 행사를 하면 10~15명 정도는 꼭 참석한다. 주민들은 콘서트 티켓이나 바자회 물건을 사주는 든든한 후원자이기도 하다. "작년 크리스마스 행사에도 갔었어요. 학교에서는 긴 테이블을 놓고 기부받은 물품을 팔고, 게임에 참여하거나 선물을 받을 수 있는 티켓도 팔아요. 그런 걸 사면서 자연스럽게 펀드레이징에 참여하게 되죠. 학교에 가면 즐거워요. 아이들이 노래를 정말 잘하거든요. 노래할 때는 언제나 웃는 모습이 보기 좋습니다." 로다가 말했다.

한국에서는 지역 주민들이 특수학교가 들어오는 걸 반대해 문제가

특수학교가 있는 지역에 거주하는 캐럴라인과 로다. 이곳 학생들과 주민들은 어느덧 서로 정을 주고받게 됐다.

됐다고 말하자 캐럴라인과 로다의 표정이 굳었다. "끔찍하네." 캐럴라인이 혼잣말처럼 말했다. 로다가 말을 이었다. "글래스고 사람들은 차한잔과 집에서 만든 케이크만 있으면 따뜻한 분위기가 된다고 말해요. 헤이즐우드 학교에 가면 그런 따뜻한 분위기를 느낄 수 있죠. 혹시 특수학교 아이들도 우리와 똑같은 사람이라고 생각할 수 있도록 주민과 학생들이 같이 참여할 수 있는 무언가가 있다면 조금 더 소통이 되지 않을까요?"

캐럴라인도 덧붙였다. "맞아요. 학교에 가보기 전에 그 학교는 '슬픈 곳'일 거라고 생각했는데 거기서 봉사활동을 오래해보니 전혀 아니었어요. 안에 있다보면 아이들에게 장애가 있다는 것도 잊게 돼요. 그냥 똑같은 사람이거든요."

바깥세상에서 살아가기

헤이즐우드의 가장 중요한 교육 목적은 아이들이 자립해 살아가도록 하는 것이다. 아이들이 최대한 많은 것을 경험해보고, 졸업한 뒤 사회에 나가서는 독립적으로 살 수 있도록 하는 게 목표다. 건물부터 교육과정까지 학교의 모든 요소가 여기에 맞춰졌다. 선생님이 아이들을 지도하는 방법도 마찬가지다. 아이들은 가끔 생각지도 못한 곳에서 장애물과 맞닥뜨린다. 예를 들어 앞이 보이지 않는 스코트는 낯선 것을 만지거나 먹는 걸 무서워한다. 앞에 뭐가 있는지 알 수 없기 때문에 무서워하는 게 당연하다. 선생님들은 스코트가 다양한 것을 시도해보도록 가르친다. 맛있는 냄새를 맡게 해주고, 이것저것 만져보라며 용기를 북돋워준다.

아이들이 의사소통을 하는 방법도 다 다르다. 말하고 듣는 데 큰 문제가 없는 아이들도 있지만 그렇지 않은 아이들은 각자의 의사소통 방식을 배운다. 귀가 들리지 않는 캐머런은 수화로 의사소통을 한다. 이 학교 선생님 전부는 수화를 할 줄 알기 때문에 소통에 전혀 불편함이 없다. 캐머런에게 "언제 수화를 배웠느냐"고 물어보다가 한참 동안 고민하는 모습을 보고 순간 멈칫했다. 언제 말을 배웠는지 물어본 꼴

수화로 의사소통을 하는 캐머런과 교사 폴.

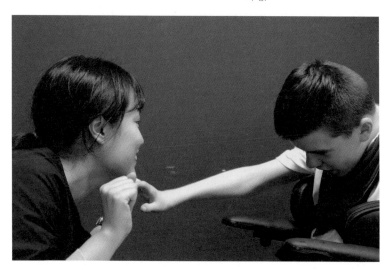

스미스-마제니스 증후군을 가진 애런.

우린 모두 같아요.

이다. 캐머런에게는 수화가 곧 말이다.

의사소통이 아예 힘든 아이들도 있다. 발달 지연, 인지 장애를 일으키는 스미스-마제니스 증후군을 가진 애런(14세)이 그렇다. 숫자나 알파벳도 이해하고 남이 하는 말도 알아듣지만 몸이 불편해 말은 하지 못한다. '예'와 '아니오'로만 의사소통을 할 수 있다. 대화하는 상대방이 두 가지 선택지를 주며 양손을 내밀면 한 손을 잡는 방법이다. 담임교사 에마가 "애런, 너는 너도밤나무반이니 소나무반이니?"라고 묻자 애런은 망설이지 않고 선생님의 오른손을 잡았다. 소나무반이라고 말할 때 선생님이 오른손을 내밀었기 때문이다. 눈동자로 조절하는 컴퓨터를 쓰는 아이들도 있지만, 애런은 눈을 정확히 움직이기를 어려워해 컴퓨터를 활용하기도 힘들다. "두 가지 사이에서 고르는 방법만으로도 효과적으로 소통할 수 있도록 꾸준히 연습시키고 있다"고 에마가 말했다.

아이들은 각자 잘하는 게 있다. 리아는 음악을 좋아하고 피아노를 잘 친다. 리아가 다른 반 친구들과 함께 듣는 음악 수업을 따라가봤다. 선생님이 "리아는 절대음감"이라고 칭찬하며 리아가 얼마나 음정을 잘 잡는지 보여주겠다고 했다. 선생님이 피아노로 연주해주는 코드를 리아는 틀림없이 짚어냈다. 오늘의 목표는 합주다. 아이들은 레이디 가가의 노래 '본 디스 웨이'를 계속 연습해왔다고 했다. 리아는 키보드를 맡았고 옆 반 친구 존이 기타를 잡았다. 다른 아이들은 드럼을 하나씩 끼고 앉거나 노래를 따라 불렀다.

수화로 노래를 따라하는 아이들도 있었다. 박자와 코드에 맞춰 멜로

디를 정확하게 잡아내는 리아를 보며 선생님이 다가와 속삭였다. "한 번도 어떤 음을 치라고 가르쳐준 적이 없어요. 노래를 몇 번 들려줬더니 스스로 멜로디를 찾아내 연주하고 있는 거예요." 키보드 앞에 앉은 리아는 집중하는 듯 찌푸렸다가 이내 환하게 웃기를 반복했다.

캐머런은 그림을 잘 그린다. 너도밤나무반 앞에는 까만 배경에 나뭇잎과 흰색 물감이 장식된 그림이 있다. 캐머런이 그리고 정원에서 모은 나뭇잎들로 꾸몄다. "나비나 작은 곤충을 그리는 걸 좋아해요. 그림을 그리면서 뭐든지 할 수 있다는 자신감이 생겼어요." 활동적인 캐머런은 방과 후 교실에서 하는 수영과 볼링을 늘 손꼽아 기다린다.

🗡 열여덟 살 마이키의 졸업식

아이들은 18세가 되면 학교를 떠난다. 5월의 마지막 수요일, 중학교 과정을 마친 마이키와 에이미의 졸업식이 있는 날이었다. 오후 1시 30분에 졸업식이 시작된다고 예고했지만 로비에 아이와 교사 모두가 모인 건 2시가 다 돼서였다. 먼저 나와 있던 아이도 많았지만 누구도 불만이 없었다. 정해진 시간에 맞춰 움직이기 어려워하는 아이가 많은 헤이즐우드에서 조금 늦는 건 당연한 일이다. 교장 선생님 캐런이 마이크를 잡고 유쾌한 목소리로 말했다. "여러분, 지금은 헤이즐우드 시간으로 1시 30분이죠? 이제 졸업식을 시작할게요."

이날 졸업하는 마이키는 학생회장이다. 흰 셔츠에 '헤드보이'라고 적힌 배지를 자랑스럽게 달았다. 다운증후군을 가진 마이키는 일반 초등학교를 다니다가 2012년 중학생이 되면서 헤이즐우드로 왔다. 졸업식에 온 엄마 린은 처음 마이키가 입학했을 때만 해도 지금처럼 의젓하지는 않았다고 했다. "6년 전의 마이키는 어린아이 같았고 자신감도 없었어요. 서투른 것투성이였고 자기가 이해할 수 없는 상황에 맞닥뜨리면 패닉 상태에 빠졌죠. 사춘기라 예민한 데다 초등학교 친구들과 헤어져서 속상해하기도 했고요."

마이키는 졸업하기 전 2년 동안 목요일과 금요일마다 아침 10시부터 12시까지 카페에서 일했다. 보조교사가 따라가서 옆을 지켰다. 카페를 청소하고, 채소를 씻어 다듬고, 샌드위치를 만들고, 차와 커피

다운증후군을 가진 마이키의 졸업식 날.

를 날랐다. 졸업을 하고 사회에 나갈 수 있도록 준비하는 단계다. 린은 "처음에는 서툴렀지만, 보조교사가 함께 가니 걱정은 별로 하지 않았다"고 했다. "마이키는 이미 도전할 준비가 돼 있었고 도전하고 싶어했어요. 일하면서 자신감도 키웠습니다. 이제 많이 성숙해졌고, 감정을 조절할 수 있는 어엿한 젊은이가 됐죠. 자립할 수 있도록 가르친 것은 옳은 선택이었던 것 같아요."

졸업식은 축제 같았다. 떠나는 친구들과 함께 보냈던 시간을 담은 영상이 상영됐다. 액자에 담긴 사진이 졸업 선물로 전달됐다. 교장 선생님이 "잠시 우리가 좋아하는 음악을 듣자"며 신나는 음악을 틀어주자 춤판이 벌어지기도 했다. 마이키는 친구에게 다가가 손을 내밀고 "같이 춤출래?"라며 의젓하게 물었다. 마지막 순서는 마이키의 연설이었다. "여러분, 와줘서 고마워요. 친구들과 가족에게 감사합니다. 나는 열심히 일하고 창문도 닦고 엄마를 위해서 다림질도 해요. 내 요리 실력은 엄청나죠. 저녁 식사를 준비하고 부엌 바닥도 내가 닦는답니다!"

✂ 이제 홀로 설 준비

안전하고 편안하고 언제나 도와줄 사람이 있는 학교를 떠나서도 행복하게 살 수 있을까. 헤이즐우드에서 보내는 몇 년은 아이들이 홀로 서야 할 미래를 준비하는 시간이다. 아이들은 상태에 따라 상급 학교에 올라가기도 하고, 직업을 찾기도 한다. 영국 아이들은 초등학교

6년, 중학교 5년이 끝나면 한국의 고등학교 2~3학년에 해당되는 후기중등학교나 예체능·직업 관련 학과를 운영하는 칼리지(실업학교)에 진학한다.

마이키는 칼리지에 갈 예정이다. 거기서 글쓰기와 요리 등 삶의 기술을 더 배워야 한다. 마이키처럼 학교를 떠나는 친구들을 보면서 다른 친구들은 꿈을 키운다. 졸업식 내내 마이키 옆에 앉아 있던 캐머런은 "나중에 뭐가 되고 싶으냐"는 질문에 "저도 마이키처럼 칼리지에 가고 싶어요"라고 말했다.

카페에서 일했던 마이키처럼 아이들은 각자 학교 밖에서 사회활동을 하고, 꿈을 기르며 미래를 준비한다. 발달 장애가 있는 홀리(14세)는 매주 한 번씩 슈퍼마켓에 가서 물건을 사는 연습을 한다. 금요일에는 지역 푸드뱅크에서 커피를 포장하고 음식을 나눠주는 자원봉사를 한다. 자기가 남을 도와줄 수 있다는 사실을 알게 돼서 기쁘다고 홀리는 말했다. "친구들이 움직이는 걸 도와주고 돌봐주는 걸 좋아해요. 친구 마이클과 애덤을 웃게 만들면 저도 기분이 좋아져요." 미래의 꿈을 묻자 홀리는 "지금처럼 남을 돕는 일을 하는 사람이 되고 싶다"고 했다.

코르크 벽에 손을 대고 조심조심 걷던 아이가 시간이 지나면 벽에서 떨어져서 걸을 수 있게 되듯이, 홀로 서는 연습을 한 아이는 나중에 학교를 떠나도 자기만의 인생을 살아나갈 수 있을 것이다. 물론 이곳 아이 대부분은 보호자가 필요하다. 어른이 되더라도 도움받고 의존할 사람을 필요로 하는 아이가 훨씬 더 많다. 하지만 이곳에서 시간

이곳 아이들은 처음에는 벽 가까이 서 있지만, 시간이 흐를
수록 벽에서 한 발짝 떨어져 걸음을 걷기 시작한다.

을 보낸 아이들은 조금이라도 더 도움 없이 말하고, 표현하고, 움직이
고, 만질 수 있게 될 것이다. 좋아하는 일을 찾고, 친구들과 함께 시간
을 보내는 방법을 터득할 수도 있다. 선생님들은 아이들이 '조금 더 독
립적인 사람'이 되도록 끊임없이 독려한다.

"우리는 일단 '벽 가까이 서 있으라'고 조언하면서 용기를 북돋워주
는 거죠. 처음에는 가까이 서 있어야 두렵지 않겠지만, 익숙해지면 점
점 떨어져 서 있을 수 있겠죠. 물론 남에게 많이 의존해야 하는 아이
들이지만, 자기 인생을 스스로 살 권리는 누구에게나 있는 거잖아요."
교감 선생님 빈센트가 몇 번이고 강조한 말이다.

6

기찻길 옆 교실

인도 쿠탁
'기찻길 학교'

인도 쿠탁의 기차역 건물은 커다란 성채를 닮았다. 회적색 벽돌로 쌓은 듯 벽면을 올렸고, 정문 양편으로는 높은 망루까지 세웠다. 지역 관광 명소 바라바티 요새를 본떠 지었다는 이 건물은 『인디아투데이』가 뽑은 '인도에서 가장 아름다운 기차역 6곳'에도 선정됐다.

기차역 맞은편에 조그만 학교가 숨어 있다. 가까이 있는 말고다운 슬럼의 아이들을 위한 곳이다. 비영리단체 '루치카Ruchika'가 철도조합 사무실 건물을 빌려 아이들을 가르친다. 사무실 쇠창틀 위에 '쿠탁 플랫폼 학교Cuttack Platform School' 명패도 달았다. 나무판자에 페인트로 글씨를 썼다. 이 학교는 2016년까지 이름 그대로 쿠탁역 플랫폼에서 수업을 했다. 기차역에서 구걸하는 아이들, 폐품 줍는 아이들을 가르쳤다. 하지만 지역 당국이 쿠탁역 현대화 사업에 나서면서 역 바깥으로 밀려났다.

쿠탁의 아침은 분주했다. 통근객을 실은 열차가 소리를 내며 플랫폼으로 밀려

말고다운 슬럼에 자리한 쿠탁 플랫폼 학교.

들어왔다. 플랫폼 끝부분부터는 벽도 담장도 없다. 기차역과 학교 사이를 지르는 작은 도로 위로는 자동차, 오토바이, 삼륜차 릭샤, 짐자전거가 바쁘게 오갔다. 차들은 수시로 경적을 울렸다. 사람들은 철도 건널목을 지나 이곳에서 저곳으로 움직였다. 골목 사이를 돌아다니는 소와 개만 한가해 보였다. 덥고 끈끈한 공기 속에 동물의 배설물 냄새, 쓰레기 태운 냄새가 실려왔다.

책가방과 교과서는 없지만

노란 스쿨버스가 흙먼지를 날리며 기찻길 학교 문을 스쳐 지나갔다. 스쿨버스가 다니는 곳은 학비가 비싼 사립학교뿐이다. 흙먼지 뒤로 키 작은 남자아이 하나가 동생 손을 잡고 걸어왔다. 라훌(7세)과 비라(6세)다. 기찻길 학교의 다른 아이들처럼 두 아이도 말고다운 슬럼에 산다. 8시 40분. 수업이 시작하려면 20분이나 남았다. 라훌과 비라는 먼저 온 아이들과 함께 테니스공을 던지고 받으며 놀았다. 철도조합 사무실 30제곱미터 남짓한 마당이 아이들의 교실이자 운동장이다.

서른 명의 아이가 모두 모였다. 마당 한쪽에 깔아놓은 해진 비닐 장판 위에 옹기종기 앉았다. 신고 온 샌들은 마당 입구에 가지런히 정리했다. 책가방을 메고 온 아이는 아무도 없다. 자기 교과서를 가져온 아이도 없다. 기찻길 학교에 모든 게 준비돼 있다. 아이들이 공놀이를 하며 수업 시작을 기다리는 동안 선생님들은 건물 안에서 교재를 꺼내왔다. 작은 칠판과 분필, 칠판지우개, 낱말카드, 교과서, 공책과 필기구, 쓰기판을 차곡차곡 쌓았다. 쓰기판은 A4 용지 크기의 나무판을 까맣게 칠한 물건이다. 칠판처럼 분필로 썼다 지울 수 있게 만들었다. 아이들에게 하나씩 나눠주고 글자를 쓰거나 그림을 그리는 데 쓴다.

오전 9시. 출석을 부른 선생님은 코코넛오일을 한 주먹씩 짜서 아이들에게 나눠줬다. 햇볕이 뜨거운 인도에서는 두피를 보호하기 위해 아침마다 머릿기름을 바른다. 조그만 아이들이 자기보다 더 작은 아이들 머리에 기름을 발라주고 빗질을 해줬다. 쿠탁 기찻길 학교 학생은

아이들은 신발을 벗고 해진 비닐장판 위에서
수업을 받는다.

여섯 살부터 열한 살까지다. 1~4학년 과정을 배운다. 아이들은 학년 별로 비닐 장판 위에 모여앉아 공부를 시작한다. 낱말카드를 맞춰보고, 공책에 영어 문장을 베껴 쓴다. 한쪽에서는 구구단을 외우는 데 열심이다. 선생님은 자리에 앉을 틈이 없다. 쉴 새 없이 재잘거리는 아이들 사이를 다니며 공부를 도왔다.

2018년 4월에 인도 동부 오디샤주 부바네스와르를 방문했다. 쿠탁에서 차로 40분 거리인 부바네스와르는 오디샤주에서 가장 큰 도시다. 기찻길 학교는 1985년 이곳에서 처음 문을 열었다. 부바네스와르의 루치카 본부에서 일주일간 머물며 기찻길 학교 아이들을 만났다. 루치카는 부바네스와르 이웃 도시인 쿠탁과 푸리, 켄드라파라로드 세 곳에서 학교를 운영하고 있다. '원조'인 부바네스와르 학교는 3년 전 기차역에서 밀려난 뒤 사라졌다.

✏️ 프리야의 노래, 아지트의 그림

쿠탁 방문 이튿날, 푸리 기찻길 학교를 찾았다. 푸리 학교도 쿠탁처럼 기차역 옆 철도조합 사무실에서 아이들을 가르친다. 마당이 아니라 건물 안에서 수업을 하는 게 가장 큰 차이다. 대여섯 살의 어린 아이들이 안쪽 작은 방에 모여 공부하고, 그보다 나이 많은 아이들은 큰 방에서 수업을 듣는다. 학생 수는 쿠탁과 같이 모두 30명이다.

'교실' 두 곳에 아이들을 갈라놓으니 수업도 조금은 더 수월하다. 카비타 선생님은 작은 방 아이들에게 쓰기판부터 나눠주고, 어제 공부한 글자 쓰기 연습을 시켰다. 큰 방으로 돌아온 카비타는 의자에 앉아 아이들을 한 명씩 불러 세웠다. 오디샤주 공용어인 '오디아' 교과서를 차례로 읽게 하고, 숫자 1부터 25까지를 영어로 외우게 했다. 스바티(10세)와 수니타(11세)는 오디아 교과서를 줄줄 읽었다. '원(1)'부터 '트웬티파이브(25)'까지 영어로 숫자를 외우는 데도 막힘이 없었다. 아이들보다 선생님이 더 신이 났다. 자리에서 일어나 머리, 어깨, 팔, 다리, 무릎을 차례로 가리키며 영어로 어떻게 부르는지 물었다. 여기저기서 번쩍번쩍 손이 올라왔다. 카비타는 어깨를 으쓱이고는 고개를 끄덕였다. 아이들 실력 좀 보라는 듯 얼굴 가득 미소를 지었다.

기찻길 학교 수업은 매주 월~금요일 오전 9시부터 낮 12시까지 세 시간 동안 진행된다. 오디아와 영어, 수학을 주로 공부한다. 세 과목 사이사이 음악과 미술도 한다. 자리에서 일어나 노래하고 율동하면 음악 수업, 쓰기판을 하나씩 손에 들고 분필로 그림을 그리면 그게 미술 수업이다.

프리야(10세)는 쿠탁 학교 음악 시간의 '지휘자'다. 프리야의 노래와 율동에 따라 아이들이 몸을 흔들었다. "나쁜 말 하지 말아요. 나쁜 것도 보지 말아요. 나쁜 길로 걷지 말아요. 그리고 다 함께 춤추고 놀아요." 아이들은 가사에 맞춰 입과 눈과 다리에 손을 갖다 댔다. 슬럼 아이들의 건강한 미래를 바라는 선생님들의 마음이 노랫말에 담겼다. 아지트(9세)는 푸리 학교에서 그림을 제일 잘 그린다. 작은 쓰기판 대신 선생님이 쓰는 나무 칠판을 방바닥 가운데 놓고 분필을 쥐었다. 아지

아지트의 손이 움직이자 나무가 솟고 강물이
흐르며 집이 뚝딱 지어졌다.

트의 손이 움직일 때마다 산과 나무가 서고, 강이 흐르고, 근사한 집
한 채가 만들어졌다. 주위에 둘러앉은 아이들은 고개를 내밀고 그림
을 구경했다.

　아이들은 춤추고 노래하고 그림 그리는 시간이 가장 즐겁다. 수학
문제 풀이가 어려워 옆자리 아이샤의 공책을 힐끔거리던 라훌도, 영어
단어가 생각나지 않아 머리를 긁적이던 야시도 신나게 노래를 불렀다.
카비타 선생님은 "아이들은 웃어야 한다. 아이들을 웃게 하는 게 내가
할 일"이라고 말했다.

　낮 12시. 점심시간이다. 메뉴는 늘 똑같다. 말린 쌀에 밀크파우더와

설탕을 가득 붓고 물을 타서 먹는다. '츄타'라고 부르는 간편식이다. 가끔은 바나나 같은 과일도 썰어 넣는다. 선생님은 아이들 손부터 씻게 했다. 이곳에서는 위생 교육이 오디아나 영어보다 더 중요하다. 손을 씻은 아이들은 달달한 츄타 한 그릇을 금세 비워냈다. 숟가락 대신 맨손을 썼다. 인도에서는 이상할 것 없는 풍경이다.

✎ 하루 두 차례 '구걸 시간'

수업이 끝나면 아이들의 '진짜 삶'이 다시 시작된다. 쿠탁 학교 서른 명 중 일곱 명은 기차역에서 구걸을 한다. 플라스틱 폐품도 줍는다. 열살도 안 된 아이들이지만 집안 살림을 위해 일을 해야 한다. 푸리 학교도 사정은 비슷하다.

오후 4시. 구걸 시간이 왔다. 아이들은 오전 7시와 오후 4시, 하루 두 차례 기차역으로 향한다. 사람이 가장 붐비는 출퇴근 시간이다. 주비나(8세)가 동생 리야(6세)의 손을 잡고 쿠탁역으로 향했다. 기찻길 학교에서 배운 율동을 하며 걸었다. 역사 안에 들어가려면 10루피짜리 입장권을 따로 사야 한다. 구걸하는 아이들의 출입을 막기 위한 입장권이다. 하지만 주비나와 리야는 매표소 쪽으로는 고개도 돌리지 않고 플랫폼으로 향했다. 제복 입은 경찰관들이 긴 나무막대기를 하나씩 들고 돌아다녔지만 신경 쓰지 않았다. 두 아이 뒤를 따라 역 안까지 들어간 기찻길 학교 선생님이 "혹시라도 엄한 경찰한테 걸리면 크

이곳 아이들은 수업을 하다 말고 구걸하러
기차역으로 향하곤 한다.

게 혼이 난다"고 귀띔했다.

주비나와 리야는 따로 또 같이 움직이며 손님들에게 손을 내밀었다. 등을 돌린 손님 어깨를 툭툭 건드리기도 했다. 열에 다섯은 고개도 돌리지 않았다. 넷은 고개를 가로젓거나 손을 흔들었다. 열 중 하나만 주머니에서 동전을 뒤지고 지갑을 열었다. 그래도 오늘은 운이 좋은 편이다. 주비나가 세 번째로 접근한 젊은 남자가 두 아이를 데리고 역내 매점으로 갔다. 남자는 두 아이 간식으로 비스킷을 하나 샀다. 기차역 입구에서 플랫폼 반대쪽 끝까지 구걸하며 움직이는 데 40분 정도가 걸렸다. 주비나가 30루피, 리야가 22루피를 모았다. 합쳐서 한국 돈으로 850원 정도다.

플랫폼에서 이어지는 흙무더기를 지나 길을 건너면 바로 학교가 나온다. 흙무더기 곳곳에 쓰레기가 널려 있었다. 주비나와 리야는 플랫폼 반대쪽 끝에서 그대로 길을 건너 학교로 돌아왔다. 수업이 끝난 지 오래인데도 사내아이 예닐곱이 집으로 돌아가지 않고 학교 근처에서 놀고 있었다. 아이들은 길가에 줄지어 선 망고나무에 돌을 던져 열매를 맞춰 떨어뜨렸다. 모두 바지 주머니가 불룩했다. 자이(8세)가 초록색 망고 열매 하나를 건넸다. 한 입 베어 물었더니 쓰고 떫은맛이 났다. 도저히 두 입은 못 먹겠다 싶은데 아이들은 잘도 먹는다. 망고 열매는 6월이나 돼야 노랗게 익는다.

✎ 아홉 살 라케시의 자루 속엔

아이들과 한참 돌을 던지며 놀던 라케시(9세)가 역으로 향했다. 입구를 통하지 않고 곧장 흙무더기를 넘어 플랫폼으로 들어갔다. 주비나와 리야처럼 라케시도 다른 사람 눈치를 보지 않았다. 플랫폼에서 바로 철로로 뛰어내렸다. 라케시는 철로를 따라 걸으며 플라스틱을 주웠다. 승객들이 먹고 버린 물병과 아이스크림 컵, 맥주병, 일회용 숟가락을 주워다 자루에 담았다. 보통 하루 두 시간 정도 폐품을 줍는데, 많이 주우면 하루에 자루 하나를 채울 수 있다고 했다. 그렇게 모은 폐품을 팔면 100루피, 한국 돈으로 1600원 정도를 받는다.

오늘은 쓸 만한 게 별로 보이지 않는다. 자루를 반도 채우지 못하고 30분 만에 일을 끝냈다. 라케시는 집에 갈 시간이 됐다고 했다. 망고나무에 돌을 던지며 놀던 아이들도 라케시와 같이 집으로 향했다. 학교에서 슬럼으로 가려면 말고다운 시장을 지나야 한다. 아이들은 시장통 큰길을 다니는 커다란 트럭들을 요령껏 피해다녔다. 20분 정도 걸었더니 시장을 빠져나가는 길이 나왔다. 아이들이 손을 흔들며 구석 길로 사라졌다.

라케시의 집은 다른 아이들의 집보다 더 후미진 곳에 있다. 시장을 벗어나 쓰레기장을 지나고 굴다리를 넘어야 라케시가 사는 동네가 나온다. 더러운 개천가에 슬레이트와 비닐로 집을 세웠다. 집 옆에는 마대자루가 여러 개 쌓여 있었다. 라케시가 자루를 하나씩 열어 보여줬다. 유리, 쇠, 플라스틱 등 종류별로 나눈 폐품들이 차 있었다. 아버지

아홉 살의 라케시도 신나게 놀다가 갑자기
철로로 뛰어내려 폐품을 줍기 시작한다.

를 도와 폐품을 분류하는 것도 라케시의 일이다. 집 구경을 시켜준 라케시는 헤어지기 전 보여줄 게 있다면서 흰쥐 두 마리를 손에 얹은 채 나왔다. "친구들"이라고 했다.

옆집에는 아이샤네 가족이 산다. 아빠, 엄마, 그리고 동생 셋. 여섯 식구다. 아이샤의 아빠가 낯선 손님을 보더니 두 손을 마주대며 인사했다. 곁에 선 라시드 선생님이 아이샤의 아빠에게 안부를 물었다. 기찻길 학교 선생님들은 슬럼의 부모들과도 잘 아는 사이다. 아이들 공부뿐 아니라 집안 사정까지 챙기는 게 일이기 때문이다.

아이샤의 아빠는 승합택시 운전사다. 하루에 많으면 700루피를 버는데 요즘 손님이 많이 줄어 걱정이라고 말했다. 라시드가 보기엔 안타까울 뿐이다. 라시드가 혀를 차면서 귀띔했다. "아이샤의 아빠는 늘 술에 취해 있고, 한 달에 일하러 나가는 날이 열흘도 안 될 것"이라면서 "그러니 아이샤네 가족도 가난할 수밖에 없다"고 했다.

알코올과 약물은 슬럼의 가장 큰 골칫거리다. 라시드는 슬럼의 남자 어른 중 67퍼센트가 알코올 중독, 10퍼센트는 약물 중독이라고 했다. 라케시의 아버지는 술만 마시면 아이를 때리고 욕설을 한다. 주비나의 아버지도 술에 취하면 소리를 지른다. 푸리 학교에서 만난 로한과 수비도 같은 말을 했다.

✎ "공부가 먼저, 결혼은 그다음"

루치카의 기찻길 학교는 이런 아이들의 미래를 위해 공부를 가르친다. 학교에서라도 웃을 수 있도록 함께 노래하고 춤을 춘다. 하루 세끼 온전히 챙겨 먹기 어려운 아이들을 위해 매일 똑같은 메뉴지만 점심을 제공한다. 선생님들은 기찻길 학교가 아이들의 희망이 되기를 바란다. 루치카는 오디아로 '희망'이라는 뜻이다.

기찻길 학교에서 4학년 과정까지 마친 아이들을 일반 학교로 보내는 게 루치카의 목표다. 2017년 쿠탁과 푸리, 켄드라파라로드 세 학교에서 18명을 일반 학교로 보냈다. 라시드와 카비타는 아이들이 구걸하

학교를 다니던 여자아이들은 10대 중
반만 되면 또다시 위험으로 내몰린다.

고 폐품 줍는 삶에서 벗어나려면 공부를 더 많이 해야 한다고 믿는다.

비니타(16세)는 기찻길 학교가 아이들에게 어떻게 희망이 되는지를 보여주는 사례다. 비니타는 몇 년 전 쿠탁 기찻길 학교를 '졸업'하고 일반 학교로 진학했다. 2017년 중등교과과정에 해당되는 10학년을 마쳤다. 졸업인증시험에도 합격했다. 부모는 11학년 진학을 바라는 딸에게 "공부는 충분히 했으니 결혼을 하라"고 했다. 인도의 많은 여자아이는 10대 중반만 되면 이런 압박을 받는다. 결국 문제는 폭력과 빈곤이다. 결혼을 하지 않은 10대 소녀들은 성폭력 위험에 노출되기 십상이다. 부모들은 딸의 안전과 가족의 명예를 위해 서둘러 결혼을 시키려 한다.

인도에서는 '딸이 셋이면 왕도 망한다'는 말이 있다. 지참금 악습도 여자아이들의 조혼을 부추긴다. 부모들은 돈 부담을 조금이라도 줄이기 위해 어린 딸을 시집보내려 한다. 신부의 나이가 많을수록 신랑 쪽에 지참금을 많이 쥐어줘야 하기 때문이다. 반면 지역에 따라서는 남성들이 결혼을 하기 위해 '신붓값'을 내기도 한다. 신붓값이 없어 결혼을 꿈도 못 꾸는 가난한 남성이 많은 지역에선 납치와 성폭행이 빈발한다.

비니타는 아직 잘 버티고 있다. 후배들을 보러 쿠탁 학교에 놀러 온 그는 "공부를 계속하고 일자리도 구해야 한다"면서 "결혼은 그다음"이라고 말했다. 비니타는 대학에서 학생들을 가르치는 게 꿈이다. 지금도 학교 수업이 끝나면 자기가 사는 슬럼에서 아이들을 가르친다. 한 달 꼬박 가르쳐 버는 1000루피를 자기 학비에 쏟아붓는다.

하지만 비니타 같은 사례는 예외에 가깝다. 슬럼의 아이들이 현실을 극복하기는 쉽지 않다. 20년 넘게 루치카에서 일하고 있는 사로즈의 오토바이를 타고 부바네스와르 기차역으로 향했다. 역 플랫폼에서 산디니를 만났다. 산디니는 부바네스와르 기찻길 학교가 없어지기 전까지 이곳에서 공부했다.

✂ 열여섯 살 엄마 산디니

열여섯 살 산디니는 벌써 한 아이의 엄마다. 기차역에서 남자친구를 만나 2016년 딸을 낳았다. 아이가 생긴 뒤 남자친구는 어디론가 사라졌고, 돌아오지 않았다. 산디니는 한쪽 품에 아기를 안고 구걸을 한다. 구걸해 얻은 돈으로 밥을 먹고 아이도 먹인다.

산디니네 가족 모두의 삶이 기차역에 매여 있다. 할머니는 부바네스와르역 바깥에 자리를 깔고 앉아 구걸하고, 어머니는 파라딥이라는 다른 역에서 구걸한다. 친아버지는 오래전 죽었다. 새아버지는 가족을 버리고 다른 곳으로 떠났다. 지금 그가 어디에 있는지는 아무도 모른다.

산디니의 여동생 샤루(14세)도 기차역 인생을 산다. 산디니와 헤어진 지 몇 분 되지 않아 샤루를 만났다. 쿠탁의 주비나와 리야처럼 이들도 기차역 플랫폼에서 짝을 지어 움직이며 구걸한다. 주비나 자매와 달리 산디니와 샤루는 돌아갈 곳이 없다. 부바네스와르 기차역이 이들 가족의 집이다.

이튿날 아침 부바네스와르역에서 샤루를 다시 만났다. 샤루 곁에 선 남자친구 마두르(17세)는 한 손에 짧은 싸리 빗자루를 들고 있었다. 열차 바닥을 쓸고 승객들에게 돈을 받는다고 했다. 샤루와 마두르는 인도 곳곳을 다닌다. 몰래 열차에 올라 가깝게는 40분 거리인 쿠르다로드, 멀게는 아삼주 구와하티까지 움직인다. 부바네스와르에서 구와하티까지는 1500킬로미터 거리다. 역 한 곳에서만 일하는 건 위험하기 때문에 계속 움직여야 한다고 사로즈가 설명했다. 경찰 눈에 익으면 그만큼 걸리기도 쉽다는 것이다.

이날 두 사람은 운이 좋지 않았다. 쿠르다로드행 열차가 출발하기

플라스틱 폐품을 주워 연명하는 이곳 아이들은 안타깝게도
덴드리아트를 사는 데 번 돈을 다 써버리곤 한다.

직전 경찰한테 걸리고 말았다. 경찰은 샤루를 밀어내고 마두르를 발로 걷어찼다. 두 사람은 투덜거리며 플랫폼 저편 인파 속으로 사라졌다.

샤루와 마두르는 때 묻은 하얀 천을 입에 대고 움직였다. 접착제 덴드라이트를 묻힌 천이다. 기차역의 많은 아이처럼 두 아이도 덴드라이트 중독이다. 하루 몇 푼 되지도 않는 벌이를 덴드라이트 사는 데 쓴다. 정서 불안, 메스꺼움, 기침, 구토 등 부작용이 심하지만 워낙 중독성이 강하다. 접착제의 톨루엔 성분 때문이다. 당장의 배고픔이나 겨울철 추위를 견디기 위해 덴드라이트를 찾는 경우도 많다.

역에서 빠져나오는 길에 파이잘을 만났다. 사로즈가 23년 전 처음 부바네스와르 기차길 학교 선생님이 됐을 때 만난 학생이다. 기차역에서 구걸하던 꼬마 파이잘은 어느새 삼십대 중반, 다섯 아이의 아빠가 됐다. 그의 정확한 나이는 아무도 모른다. 아홉 살 라케시처럼 파이잘도 기차역에서 플라스틱 폐품을 주워 돈을 번다. 사로즈는 파이잘의 큰아들을 가리키며 "파이잘이 딱 이만할 때 공부를 가르쳤다"고 말했다. 파이잘의 아홉 살 먹은 큰아들 역시 라케시처럼 아버지를 도와 자루에 플라스틱 병을 주워넣고 있었다.

✄ 위기의 기차길 학교

루치카 본부 앞마당 한편 까만 석판 위에는 한 여성의 얼굴이 새겨져 있다. '기차길 학교의 어머니'인 인데르지트 쿠라나 여사다. 33년 전 그는 부바네스와르역에서 일요일 학교를 열었다. 구걸하는 아이, 넝마 줍는 아이, 먹을 것을 찾아 쓰레기통을 뒤지는 아이를 모았다. 1985년 4월 11명의 학생으로 시작한 일요일 학교가 조금씩 성장하면서 지금의 기찻길 학교 형태를 갖췄다.

쿠라나는 뉴델리의 선생님이었다. 친척을 보러 왔다가 기차역 아이들의 삶과 마주쳤다. 그는 부바네스와르역을 '절망이 번식하는 곳'이라고 불렀다. 학대와 굶주림을 피해 집을 나온 아이들은 기차역에서 무리를 지어 구걸하고 돈을 훔쳤다. 여자아이들은 성매매를 강요당했다. 아이들은 에이즈를 포함한 온갖 질병의 위협에 무지했다. 쿠라나는 아이들을 절망에서 건져내는 데는 무엇보다 교육이 중요하다고 생각했다.

2010년 74세로 세상을 떠날 때까지 쿠라나는 기차역 아이들과 함께 했다. 그를 따라 루치카에 합류한 선생님들은 하루 1000원도 안 되는 돈을 받아가며 아이들을 가르쳤다. 지금 루치카 사무국장으로 일하는 즈베디(52세)는 "내가 처음 기찻길 학교 교사가 됐을 때만 해도 역에서 구걸하는 아이들이 나보다 더 부자였다"며 웃었다. 그도 사로즈처럼 20여 년 전부터 기찻길 학교에서 아이들을 가르쳤다. 기차역 아이들을 찾아다니며 플랫폼으로 모았고, 슬럼을 돌며 부모들을 설득했다. 기찻길 학교는 2002년에 16개 역으로 확대됐다.

그러나 지금 기찻길 학교는 흔들리고 있다. 기차역 현대화 사업이 곳곳에서 시작되고 구걸 단속이 강화되면서 루치카 학교들은 플랫폼 바깥으로 밀려났다. 16곳이던 학교는 2010년 11곳, 2015년 8곳으로 줄었고 이제는 3곳만 남았다. 즈베디는 매일 기차역 주변을 다니며 쿠탁이나 푸리처럼 아이들을 가르칠 다른 공간을 찾고 있지만 쉽지 않다고 했다. 빠듯한 재정이 제일 큰 문제다.

기차역이 아이들의 집이어서는 안 된다. 지역 일간지 『오디샤선타임스』는 "어린아이들이 10루피를 얻기 위해 승객들의 바짓가랑이를 붙잡고 매달린다"면서 "이 아이들은 기차역이 아니라 학교로 가야 한다"고 적었다. 쿠라나 여사도 "아이들을 교육하는 근본적인 이유는 그들을 기차역에서 끌어내기 위해서"라고 했었다. 인도 당국이 아이들의 구걸을 단속하는 것도, 부모들이 교육 의무를 방치한 채 돈벌이에 내몰도록 하지 않기 위해서다. 그러나 나라는 아이들의 삶을 바꾸지 못했다.

2016년 유네스코 자료를 보면 4700만 명의 인도 아이가 10학년이 되기 전 학교를 중퇴한다. 평균 소득이 낮은 오디샤주는 상황이 더 나쁘다. 10학년 이전 전국 평균 중퇴율이 17.2퍼센트인데 오디샤주는 29.6퍼센트다. 한국으로 치면 중학교 졸업도 하기 전에 학생 3분의 1이 학교를 그만둔다는 얘기다.

교육의 질도 떨어진다. 다섯 개 학년 아이들을 한 교실에 모아 가르치는 학교가 태반이다. 즈베디는 탁자를 쿵쿵 두들기며 "건물은 낡았고, 장비는 부족하다. 몇 년 전까지 화장실도 없는 학교가 많았다"고 목소리를 높였다. "정치인 누구도 교육에 신경 쓰지 않는다"는 그의 말에는 분노가 배어 있었다. 인도 정부 통계에 따르면 전국 교사 31퍼센트가 학사 학위를 취득하지 못했다. 돈 때문이다. 즈베디는 "제대로 된 교사를 채용하려면 한 달 급료로 3만 루피가 필요하다. 교육 당국은 교사 월급에 돈을 쓰지 않는다. 한 달에 4000루피만 주면 되는 임시직 교사들로 학교를 채운다"고 말했다.

🖉 달리는 버스 교실

기찻길 학교는 플랫폼에서 밀려난 이후 크게 줄었지만, 다른 프로그램은 오히려 더 늘었다. 공교육이 제 역할을 못하는 상황에서 조금이라도 아이들을 도우려고 루치카는 기찻길 학교 외에도 여러 프로그램을 운영한다. 슬럼 아이들이 안전하게 놀 수 있는 '놀이학교', 가출한 아이들을 보호하는 '어린이 대피소' 같은 것들이다. 방과 후 공부할 곳을 찾기 어려운 아이들을 위해 보습학교도 운영한다. 슬럼 안에 교실을 차리고 오전과 오후 각각 2시간씩 아이들을 모아 공부를 돕는다. 부바네스와르 안팎에 세운 보습학교가 115곳, 놀이학교가 12곳이다. 각각의 프로그램마다 따로 후원을 받는다.

'사이언스 온 휠스Science on Wheels'는 루치카의 교육 프로그램 중에서도 특히 이채롭다. 이름 그대로 버스 안에 과학 실험실을 만들었다. 페트병으로 만든 간이 청소기와 간이 프로젝터, 수력으로 여닫는 다리, 빛의 굴절을 이용해 실내를 밝히는 집 등 다양한 과학 모형을 버스 안에 채웠다. 슬럼 아이들이 신기한 모형을 직접 보고 만지면서 과학에 흥미를 붙일 수 있도록 했다.

차 외양도 여느 버스와는 다르다. 인도 핵개발을 이끈 압둘 칼람 전

루치카의 교육 프로그램 중에는 버스 안에서 과학 실험을 할 수 있는 것도 있다.

대통령, 인도 최초의 우주 비행사 라케시 샤르마, 노벨 물리학상 수상자 찬드라세카라 벵카타 라만 같은 과학자들 사진을 한쪽 면에 붙였다. 반대쪽 면은 알렉산더 그레이엄 벨과 전화, 토머스 에디슨과 전구, 제임스 와트와 증기기관차 사진으로 장식했다.

버스학교는 월요일부터 금요일까지 매일 오후 2시 루치카 본부에서 출발한다. 슬럼 보습학교가 목적지다. 버스학교 과학 선생님 니베디타는 차가 달리는 동안 풍선을 불어 차 손잡이에 주렁주렁 매달았다. 아이들을 조금이라도 더 즐겁게 해주려는 배려다. 대학에서 과학을 전공

장난감 도서관 버스는 인도 대통령, 과학자,
우주 비행사 등의 사진으로 장식되어 있다.

한 니베디타는 2016년 루치카에 합류했다.

버스는 출발 한 시간 만에 목적지 텔루구바스티 슬럼으로 들어섰
다. 보습학교에서 공부하던 아이들이 달려나왔다. 잔뜩 흥분한 아이
들이 줄잡아 50명. 겨우 진정시킨 뒤 학생들을 두 줄로 세웠다. 10명
씩 조를 짜 차례로 버스에 올렸다. 니베디타는 차례로 모형을 움직여
보면서 원리를 설명했다. 간이 프로젝터에 빛을 비추니 버스 벽면에 그
림이 떠올랐다. 개폐형 다리 모형에 연결된 주사기로 물을 밀어 보내
자 다리가 서서히 올라갔다. 니베디타의 시범에 시끄럽게 떠들던 아이

들이 금세 조용해졌다.

수업은 두 시간 만에 끝났다. 마이크도 없이 설명을 계속한 탓에 니베디타는 목이 완전히 쉬고 말았다. 운전기사는 마지막 조 아이들까지 차에서 모두 내린 것을 확인하고는 천천히 시동을 걸었다. 버스학교는 이제 몇 달 뒤에나 이곳을 다시 찾을 것이다. 하루 한 곳씩, 100군데가 넘는 슬럼 보습학교를 차례로 다 돈 다음에야 순서가 오기 때문이다. 그래서 텔루구바스티 아이들이 버스학교 과학 수업을 들을 수 있는 날은 일 년에 서너번 뿐이다. 모두 합해 10시간이 채 되지 않는다.

아이의 가능성은 무한하다고 하지만, 슬럼의 아이들에게 주어진 기회의 문은 너무 좁다. 노래 잘하는 프리야, 그림 잘 그리는 아지트는 어디까지 재능을 살릴 수 있을까. 산디니의 어린 딸, 파이잘의 다섯 아이는 기차역의 삶이 아닌 다른 삶을 찾을 수 있을까. 버스가 움직이자, 차를 향해 손 흔드는 텔루구바스티 아이들의 얼굴도 조금씩 멀어져갔다.

7

마약 대신 춤을

—

콜롬비아
'몸의 학교'

빨강, 파랑, 노랑. 콜롬비아 삼색기에서 따온 것인 양 화려한 색깔의 단층 주택이 줄지어 늘어섰다. 땅바닥 가까이 길게 가지를 드리운 나무들, 풀밭에 한가롭게 누워 있는 소, 바다 위를 물들인 황금빛 석양. '콜롬비아의 아바나'로 불리는 카르타헤나의 아름다운 풍광이 먼저 시선을 사로잡았다.

카리브해에 면한 카르타헤나는 콜롬비아 5대 도시 중 하나로 관광 명소로 손꼽는다. 16세기 중반 스페인 식민지 시절에 건설된 도시는 스페인의 항구도시 카르타헤나에서 이름을 따왔다. 구시가지에는 당시 유럽의 건축 양식을 따른 건물이 늘어서 있고, 식민 시대의 성벽은 유네스코 세계 문화유산으로 지정돼 있다. 5월에도 다소 쌀쌀했던 수도 보고타와 달리 카르타헤나는 따뜻했다. 살사 음악 소리가 들리자 남미에 온 걸 실감할 수 있었다.

카르타헤나는 평화를 상징하는 도시이기도 하다. 후안 마누엘 산토스 대통

카르타헤나의 황금빛 석양.

령은 2016년 이곳에서 세계에서 가장 오랜 내전 중 하나로 꼽히는 콜롬비아무장혁명군FARC과의 내전을 끝내는 평화협정에 서명했다. 52년 만이었다. 당시 반기문 유엔 사무총장, 존 케리 미국 국무장관, 중남미 각국 정상 등 2500여 명이 보는 앞에서 반군 지도자 로드리고 론도뇨가 먼저 총알 탄피를 녹여 만든 펜으로 협정에 서명했다. 산토스 대통령도 그 펜을 이어받아 사인했다.

반군은 총을 버리고 숲에서 나왔다. 정부군과 FARC 사이에 끼어 일상화된 폭력에 시달리던 국민은 환호했다. 하지만 전쟁의 상처는 그렇게 빨리 아물 리 없다. 카르타헤나에는 오랜 내전과 지긋지긋한 가난에 시달리는 아이들을 춤으로 치유하는 무용 학교 '엘콜레히오 델쿠에르포(몸의 학교)'가 있다.

텅 빈 오토바이와 총알

눈으로 직접 보고 들은 카르타헤나는 평화의 도시와는 거리가 멀었다. 해가 지고 어둑해진 저녁, 숙소 직원에게 근처 식료품점을 물어보니 웬만하면 나가지 않는 게 좋을 거라고 말한다. 숙소에서 조금만 내려가면 나뭇가지를 얼기설기 엮은 판잣집이 죽 늘어서 있다. 언뜻 평범한 마을처럼 보였다. 직원은 괜히 어슬렁거리다가는 장검을 든 강도들에게 당할 수도 있다고 겁을 줬다.

평화협정이 무색하게 치안 상황은 좋지 못했다. 곳곳에 날치기가 극

심해 최근에는 오토바이 뒷좌석에 남성을 태우지 못하도록 하는 법까지 제정됐다고 한다. 정말로 그 흔한 오토바이들의 뒷좌석은 대개 텅 비어 있었다. 숙소 바로 앞에서는 경찰이 길을 막고 오토바이와 차량들을 검문했다. 낮에 봤던 아름다운 풍광은 머릿속에서 사라졌다.

이튿날 몸의 학교 선생님들의 연습실이 있는 타데오대학으로 차를 타고 이동했다. 대학 측은 취재진은 물론 일정을 함께한 아시아-이베로아메리카 문화재단 관계자의 이름과 여권 번호 등 신분을 증명할 수 있는 기록을 미리 제시해달라며 "최근에 도둑이 많이 들어서 그러니 이해해달라"고 했다. 아무도 믿어서는 안 된다는 것이 콜롬비아의 업무 규칙인 것처럼 보였다. 차를 타고 20분을 달려 대학 문 앞에 왔지만, 경비원은 방문자들의 신원을 확인한다며 대학 측과 계속해서 전화를 주고받았다. 바쁠 것 없다는 듯 내내 웃는 경비원의 허리춤에 권총이 보였다. 장전된 금색 실탄이 햇빛에 번쩍거렸다. 30분을 기다린 뒤에야 몸의 학교의 연습실에 들어갈 수 있었다.

이 학교의 선생님 모두는 전문 무용수다. 동시에 이들은 카르타헤나의 대표적 빈민가인 폰테수엘라와 아로스바르토 등에서 아이들에게 현대무용을 가르치는 선생님들이다. 몸의 학교는 학교인 동시에 무용단인 셈이다. 무용단 부감독이자 교육 담당 디렉터인 리카르도(37세)와 함께 무용 수업이 열리는 폰테수엘라로 향했다.

타데오대학에서 30분을 더 달려 찾아간 곳은 교회 건물이었다. 거기서 아이들이 무용 수업을 받는다. 군복을 입고 총기로 무장한 치안 경찰 10여 명이 무리를 지어 순찰을 도는 모습이 보였다. 하루 일정을

리카르도가 음악을 틀자 아이들은 이야기를
멈추고 곧바로 몸짓에 집중했다.

함께하기로 한 택시 기사는 "이 마을에 차를 대고 잠시 자리를 비웠다
가 차 안 물건을 전부 도둑맞은 적이 있다"며 내리지 않았다.

　길가에 있는 교회 건물에는 쇠창살 문이 달렸다. 우기가 막 시작되
려던 참이었다. 후텁지근한 바람이 교회 안으로 그대로 들어왔다. 길
가에 차 지나다니는 소리, 어디에서 나는지 모를 공사 소음까지 겹쳐
서 가만히 있어도 불쾌지수가 100을 찍을 것만 같았다. 다섯 살쯤 돼
보이는 남자아이가 수업 전 몸풀기 동작을 하고 있는 학생들을 보더
니 다짜고짜 소리를 지르고 간다. 이런 데서 어떻게 무용을 배울 수
있을까 싶었다.

쓸데없는 걱정이었다. 리카르도가 스마트폰을 스피커에 연결해 음악을 틀자 아이들이 바로 집중하는 것이 눈에 보였다. 리카르도가 팔을 시계추처럼 위아래로 흔들며 몸의 중심축을 앞뒤로 옮기는 방법을 가르친다. 아이들은 느린 관현악 연주에 맞춰 움직임을 따라했다. 조금 전까지 깔깔대던 아이들의 얼굴에서는 웃음기가 가셨다.

✎ '내 몸은 소중하다'

교회 수업은 무용수가 되고 싶어하는 아이들을 대상으로 한 수업이다. 선생님 지시를 듣지 않거나 산만하게 떠드는 아이는 없었다. 최소 3~4년간 기초 동작과 감수성 훈련을 마치고 고난도 동작을 배운다. 한눈을 팔면 동작들이 스르륵 지나가버린다. 소질이 있고 하고자 하는 의지가 강하면 월반을 시켜주기도 한다. 열넷, 열다섯 살 청소년이 대부분이지만 열한 살의 마유엘처럼 어린아이도 있다.

리카르도가 다이아몬드 모양으로 스텝을 밟자 아이들이 곧잘 따라한다. 기본 몸풀기 동작 중 하나라고 했다. 이런 다양한 동작을 새겨놓고 있어야 나중에 공연 준비를 할 때 바로 '몸에서 꺼내 쓸' 수 있다. 리카르도는 20~30분 간격으로 앞줄과 뒷줄의 위치를 바꿨다. 자신이 보여주는 동작을 모두가 볼 수 있게 하기 위해서다. 1시간 넘게 이어진 수업이 끝난 뒤에도 곧장 집으로 가는 학생은 없었다. 누가 먼저랄 것도 없이 각자 댄스 파트너와 함께 그날 배운 동작들을 복기하며

몸의 학교 선생님들.

합을 맞췄다.

크리스티앙(15세)이 마르셀라(14세) 뒤에서 어깨를 짚고 껑충 뛰어
오르더니 오른다리를 마르셀라의 어깨에 걸친다. 아나(14세)는 펠리페
쪽으로 몸을 홱 돌리고 긴 다리를 쭉 들어올린 채 펠리페에게 안긴다.
펠리페의 오른손이 아나의 허리에 살포시 올려졌다. 성적으로 예민한
사춘기 아이들이지만 신체 접촉을 하면서 쭈뼛거리는 기색은 없었다.
크리스티앙은 "길거리에서 배웠던 춤과 다르게, 이곳에서는 다른 사람
과 함께 춤을 출 때 몸의 어느 부분을 접촉할 수 있고 어느 부분은 닿
아선 안 되는지 알려줬어요"라고 말했다.

수업은 폰테수엘라 공립학교의 방과 후 수업을 몸의 학교가 지원하는 형태로 시작됐다. 4년 전 청소년 대상 무용 수업이 처음 생겼을 때에는 지원하는 학생이 많았는데, 혹독한 트레이닝에 여럿이 떨어져나갔다. 꿋꿋이 남은 아이들 가운데 선생님들처럼 무용수가 되고 싶은 아이들로 '파일럿 우노'라는 반을 만들었다. '우노uno'는 하나, 1이라는 뜻이다. 파일럿 우노의 17명 아이가 이토록 열심히 춤을 추게 만드는 힘은 무엇일까. 마유엘은 "내 몸을 왜 존중해야 하고 왜 보호해야 하는지 가르쳐줘서 좋았어요"라고 말했다. 크리스티앙은 "전에는 춤을 출 때 몸을 다쳐도 신경 쓰지 않았지만 이제는 그러면 안 된다는 것을 알게 됐다"고 했다. 마르셀라는 "다른 사람 몸을 존중해주는 것도 좋았다"고 한다.

몸을 다루며 자아를 존중하는 법

카르타헤나 태생인 몸의 학교 교장 알바로 레스트레포(60세)는 스물여섯 살이던 1984년 미국 뉴욕에서 현대 무용가로 데뷔했다. 세계 40여 개국에서 공연을 하며 남미를 대표하는 무용가로 이름을 날렸다. 그러던 1991년 고향으로 돌아와 몸의 학교 설립을 준비했다. 동료 무용수로 프랑스 앙제 국립 무용 학교 교장을 지낸 마리 프랑스 들뤼벵(70세)까지 콜롬비아로 데려와 6년 뒤인 1997년 몸의 학교를 세웠다. 들뤼벵은 아예 콜롬비아에 정착해 국적도 프랑스에서 콜롬비아로

무엇 대신 춤을

바꾸며 알바로를 도왔다. 두 사람은 이후로 줄곧 몸의 학교 공동 교장을 맡고 있다.

알바로는 세계를 누비며 공연하는 와중에도 내전에 시달리는 아이들을 생각하면 가슴이 답답했다고 한다. 전쟁에 지치고 세상으로부터 스스로를 단절시킨 아이들을 '몸을 통해 세상과 연결시키는' 작업을 하기 위해 학교를 세웠다고 설명했다. 폭력과 가난 속에 살아온 아이들은 몸의 소중함을 알지 못하고, 폭력의 악순환에 쉽게 빠져든다. 그 아이들에게 가장 필요한 건 자아 존중이다. 자기가 바로 서야 다른 사람을 존중할 수 있다. 알바로는 "그런 존중감이 생기면 결국 폭력을

몸의 소중함을 알지 못하면 학생들은 폭력에 쉽사리 빠져든다. 그래서 몸의 학교는 먼저 몸을 배려하는 방법부터 가르친다.

용납하지 않게 된다"고 말했다.

그래서 몸의 학교는 춤을 추기 전 먼저 상대의 몸을 인식하고 배려하는 법을 가르친다. 아나는 "우리 눈이 뒤에도 달린 게 아니잖아요. 선생님들은 공간을 쓸 때 꼭 내 눈이 돌아갈 수 있는 곳에서 비어 있는 자리를 사용하라고 하셨어요"라고 말한다. 열다섯 살 쌍둥이 자매 다나와 카밀라는 친구들과 얘기하는 태도가 달라졌다. "예전엔 관심을 끌려고 몸을 확 잡아챈다든지 좋지 않은 말을 섞어서 했는데 이제는 그러지 않아요. 남의 몸을 함부로 만지면 안 된다는 걸 알게 됐거든요."

마유엘의 흰 티셔츠에는 '인실리오inxilio'라는 글자가 쓰여 있었다. 같은 티셔츠를 입은 아이가 여럿 눈에 띄었다. 인실리오는 6년 전인 2012년 4월 9일 메데인에서 선보인 공연 제목이다. 눈물의 강, 언어의 원, 슬픔의 심포니라는 세 파트로 구성된 공연은 내전을 비롯한 모든 종류의 폭력에 희생된 사람들을 추모하기 위해 기획됐다. FARC 반군이나 마약 카르텔 폭력의 희생자는 물론, 원주민까지 포함해 사회 구석구석의 피해자 200여 명이 무대에 섰다. 산토스 대통령도 무대에 올라 맨발로 흙길을 걸어가면서 원혼들의 이야기를 들어주며 속죄하는 연기를 선보였다. 마유엘의 티셔츠에 속죄, 위로, 화해, 평화에 대한 염원이 새겨져 있는 셈이다.

인실리오는 원래 칠레, 아르헨티나 등에서 과거 독재 정권의 박해에도 나라를 떠나지 않고 남았던 예술인을 일컫는 말이다. 망명자exilio가 되는 대신 국내에 남는 길을 택한 인실리오에게는 사상과 표현의 자유가 허락되지 않았지만 몸의 학교 아이들에게는 다른 세상을 꿈꿀 자유가 주어진다.

✎ 꿈꾸는 아이들, 춤추는 마을

2017년 2월 한국을 방문하고 돌아온 아나가 그런 기회를 얻은 사례다. 한국 정부는 2018 평창 동계 올림픽에 관심을 높이기 위한 문화예술 교류 사업 '아트 드림캠프'를 추진했고 몸의 학교가 콜롬비아 파트너로 선정됐다. 카르타헤나 밖이라곤 보고타에 가본 것이 전부였던 아나가 1만4000킬로미터 떨어진 낯선 나라에 다녀온다고 했을 때 엄마는 '향수병에 걸리지 않을까' 걱정했다. 하지만 이제 아나의 눈길은 카르타헤나를, 콜롬비아를 넘어 온 세계로 향해 있다. 난생처음 본 눈밭에서 뒹굴며 놀았던 일, 젓가락질 배운 이야기 등을 늘어놓던 아나는 "앞으로 세계를 누비며 공연하는 무용수가 되는 게 꿈"이라고 말했다.

롤모델은 자신과 이름이 같은 몸의 학교의 무용수 아나다. 무용수 아나의 춤 동작을 설명하는 열네 살 소녀 아나의 눈이 반짝거렸다. 몸의 학교는 폰테수엘라에서 방과 후 수업 형태로 무용을 가르치지만, 다른 슬럼가에서는 공연을 펼쳐 보이며 배우고 싶어하는 아이들을 모아 수업을 하기도 한다. 그중 재주가 있는 아이는 몸의 학교의 무용수로 발탁된다.

아나는 어릴 적부터 춤을 잘 췄다. 엄마 월터(50세)의 기억에 따르면

아나는 다섯 살부터 음악이 있는 곳이
라면 어디서든 춤을 췄다.

다섯 살 무렵부터 어떤 음악이 나오든 몸을 흔들어댔다. '쿰비아'는 아
나가 곧잘 추던 춤이다. 어떻게 추는지 보여달라고 했더니 잠깐 부끄러
워하다가 벌떡 일어나 골반을 좌우로 튕긴다. 원래는 하얀색 긴 치맛
자락을 손으로 잡고 흔들면서 추는 춤이라고 설명했다. 몸의 학교에서
배우는 현대 무용 외에 아나가 가장 좋아하는 다른 춤은 살사.

　월터는 몸의 학교 수업을 처음으로 듣고 온 날 아나의 표정을 잊을
수 없다고 했다. 폰테수엘라 공립학교는 아무리 늦어도 낮 12시면 수
업이 다 끝난다. 아나도 다른 아이들처럼 집에 돌아오면 늦게까지 낮
잠을 자거나 친구들과 놀았다. 월터는 "몸의 학교 수업에 다녀온 뒤로
는 뭔가를 준비하고, 수업이 끝난 뒤에도 배운 동작을 연습하며 삶에

규율이 생겼다"고 했다. "무용수가 될 거라고 노래를 불렀죠. 이 수업을 계속 받게 해달라고 조르더라고요."

월터는 가사도우미 일을 한다. 남편은 카르타헤나에 있는 영국인 학교의 경비라고 했다. 월터는 무용수가 되겠다는 딸의 꿈을 이뤄주기 위해서라면 무슨 일이든 할 수 있다고 했다. 2년 전 처음 본 딸의 공연이 월터의 마음을 움직였다. "너무 아름다웠어요. 좋아서 울음이 나올 뻔했죠." 월터는 남편도 넋이 나간 표정으로 쳐다보더라고 했다.

리카르도는 카르타헤나의 문화 인프라가 많이 부족하다고 했다. 공연장은 하나밖에 없고 작은 박물관과 미술관 서너 개가 있는데, 그마저도 폰테수엘라 같은 빈민가에서 멀리 떨어진 구시가지에 몰려 있다. 살사나 쿰비아만 추던 아이들에게 "생전 처음 듣는 이상한 음악을 들려주고, 낯선 동작을 해보게 하고, 폭탄을 터뜨리듯 아이들에게 문화적 충격을 주는 것이 신난다"고 말했다. 그는 "나에게 영감을 주는 것도 학생들의 그런 반응"이라면서 "어린아이가 어떤 음악을 듣고 이해해 즉흥적으로 동작을 하는 것을 보면서 감동을 받는다"고 말했다.

✎ 코카인 대신 춤을

몸의 학교 수업은 잠자던 아나와 마을을 깨웠고, 마을 풍경도 바꿔놓았다. 동네를 어슬렁거리던 아이들은 눈에 띄게 줄었다. 마을은 이제 춤을 배우러 가자며 아나를, 크리스티앙을, 마르셀라를, 마유엘을 불러내는 목소리로 가득하다.

　누구보다 반가워하는 사람은 부모들이다. 마을을 떠나기 전 마약에 중독된 아이들 이야기를 전해 들었다. 주민들도 정확히 언제부터인지는 잘 모른다. 그저 아이들이 마약을 구하려고 물건을 내다팔거나 훔치는 일이 잦아졌다는 것만 안다. 전에는 노인들이 숨어서 마약을 하거나 팔았는데 지금은 열네댓 살 아이들이 버젓이 코카인을 거래한다. 살인 청부 같은 범죄에 가담하는 아이들도 있다. 크리스티앙은 "춤을 배우면 그런 길로 빠지지는 않을 거라고 생각해서 부모님이 무용 수업에 다니는 걸 좋아하는 것 같다"고 했다. 쌍둥이 자매 다나와 카밀라의 어머니인 리라(45세)는 "골목을 돌아다니면 술 마시는 사람들, 하는 일 없이 빈둥거리는 사람들이 널려 있으니 그런 모습을 보고 자란 아이들도 그렇게 되는 것 같다"며 안타까워했다.

　다나와 카밀라는 마약에 빠진 친구들을 돕고 싶다고 했다. 카밀라는 "어른들은 항상 아이들을 혼내면서 '너희가 잘못됐다'는 식으로 말하지만 정작 아이들 얘기를 들어주는 사람은 아무도 없다"면서 "우선 마약의 심각성을 가르쳐주는 워크숍이나 강연을 열고 아이들의 의견을 들어보는 자리를 마련하고 싶다"고 말했다.

　다나는 몸의 학교 선생님들이 누차 강조하는 "생각하는 무용수가 돼라"는 말을 언급했다. 그 얘기를 듣고서 마약과 범죄에 빠지는 아이들을 도와야겠다고 결심했다고 한다. 알바로 교장의 꿈이 아이들을 통해 다음 세대로 이어져가고 있는 셈이다.

　심리학자가 되고 싶다는 다나는 "심리학자가 다른 사람의 이야기를

다나와 카밀라는 무용수도 몸으로
사회 문제에 목소리를 낼 수 있다고
말했다.

들고 분석하듯 무용수도 사람들의 생각을 이해하고 표현해야 하는 사람"이라고 말했다. 카밀라가 거들었다. "무용수는 생각 없이 몸만 움직이는 사람이 아니에요. 생각을 하고, 철학을 가지고 사회 문제에 목소리를 낼 수 있어요. 몸의 학교 선생님들은 항상 '무용수도 생각하면서 춤을 춰야 된다'고 가르쳐요."

✂ 슬럼 아이들의 아이돌

타데오대학 안에 있는 몸의 학교 연습실, 열네 살 아나의 롤모델인 무용수 아나(31세)가 손으로 허벅지를 두드리며 연신 "우노, 도스, 트레스, 콰트로(하나, 둘, 셋, 넷)"를 외쳤다. 중서부 도시 칼리 출신으로 여덟 살부터 발레를 배웠다는 아나는 마치 발끝으로 지휘를 하듯 바닥에 곡선을 그려나갔다. 현대 무용과 발레를 접목한 몸풀기 동작이다. 그러고는 앉은뱅이 자세, 왼발로 몸을 지탱한 채 오른쪽 다리를 뒤로 쭉 빼는 동작을 해 보였다. 아나는 다른 무용수들에게 시범을 보이며 계속 "바보소(달팽이)"라고 말했다. 달팽이가 움직이듯 느리면서도

몸 풀기 시간.

지난 20여 년간 몸의 학교는 전문 무용수를 500여 명 배출했다.

매끈하게 동작이 이어지도록 하라는 뜻이다.

비가 와서 더위가 한풀 꺾였다지만 습한 공기가 스멀스멀 올라왔다. 가만히 서 있어도 땀이 줄줄 흘러내렸다. 무용수들의 등줄기에는 이슬처럼 땀방울이 맺혔다. 에어컨은 없다. 냉방 시설이라고는 대형 선풍기 2대가 전부. 컨테이너 지붕에 벽은 따로 세우지 않고 나무를 촘촘히 엮어 만든 담장을 세웠다. 다소 열악해 보이는 이 공간에서 무용수들은 월요일부터 금요일까지 매일 오전 9시 30분부터 약 40분간 몸을 푼다. 대학교 빈 강의실에서 연습하면 더위를 피할 수 있지만 바닥이 단단해서 다칠 우려가 있다. 몸의 학교 무용수들은 연습실 바닥에 깐 나무가 습기에 썩지는 않는지, 비가 오면 물이 새지는 않는지 신경 써야 할 것이 많다.

보고타에 있는 타데오대학 본교는 건축과 공학으로 유명하다. 하지만 이곳 무용 교육과정과는 관련이 없다. 단지 몸의 학교 측이 부지와 시설을 쓸 수 있도록 배려를 해줬을 뿐이다. 교사이기도 한 몸의 학교 무용수들은 오전에는 타데오대학의 연습실에서 공연 준비를 하고, 오후에는 파일럿 우노의 아이들을 가르친다. 이곳보다 훨씬 좋은 연습 시설을 갖춘 무용단이 콜롬비아에도 있지만 몸의 학교 무용수들처럼 수준 높은 춤을 선보이면서 동시에 교육 프로그램까지 진행하는 곳은 없다. 그래서인지 무용수들의 얼굴엔 자부심이 넘쳤다. 지난 21년간 카르타헤나에서 몸의 학교를 거쳐간 학생은 8000명이 넘는다. 전문 무용수도 500여 명이나 배출했다.

무용수들은 프랑스 파리에서 선보일 공연 준비에 한창이었다. 3주

동안 머물면서 그곳 학교 어린이들에게 몸의 학교만의 방식으로 무용을 가르치고, 공연을 할 계획이다. 에릭과 조한나가 서로 허리춤을 바짝 끌어당기며 몸을 밀착시킨다. 들뤼벵 교장이 동작을 살펴보며 코멘트를 했다. 조한나가 하늘로 날아갈듯 허공에 몸을 던지면 리카르도가 받아 들어올린다. 여기저기서 박수와 함께 "에소(그거야)!"라는 찬사가 터져나온다.

무용수들은 프랑스의 현대음악 작곡가 올리비에 메시앙의 곡에 맞춰 춤을 췄다. 바이올린, 첼로, 클라리넷, 피아노 4개의 악기가 기괴한 불협화음을 냈다. 들뤼벵 교장의 설명에 따르면 작곡가가 제2차 세계대전 당시 독일 감옥에 갇혀 있을 때 만든 곡이다. 곡 사이사이에 끽끽 소리가 나는 이유도 망가진 악기를 썼기 때문이라고 한다. 이 곡은 파리 공연 중 세상의 끝에서 희망을 찾아가는 부분에 쓰일 예정이다. 공연 장소가 성당이기 때문에 구원과 희망의 메시지를 전하고 싶다고 했다.

굴곡진 생의 이야기를 몸에 담다

몸의 학교 전문 댄서 중에도 파일럿 우노에서 배우는 학생들처럼 가혹한 환경에서 자란 사람이 많다. 리카르도가 살던 카르타헤나 구시가지 토리세스 마을은 마약 때문에 늘 문제가 불거지는 곳이다. 리카르도는 "폭력 사건으로 적색경보가 내려져 봉쇄령이 발령된 적도 있다"

고 말했다. 폭력이 싫어서 춤에 몰두했고, 지금은 세계를 오가는 무용수가 됐다. 대학에서 산업공학을 전공하면서 몸의 학교 공연에 참가하는 알렉스는 미혼모 밑에서 자랐다. 아버지는 알렉스가 자기 자식이 아니라며 떠나버렸다.

스물여섯 살 무용수 조한의 고향은 서북부 안티오키아주 바그레다. 아버지는 강에서 뗏목을 젓는 사공이었다. 조한이 여섯 살 때인 1997년 바그레에서 정부군과 FARC 반군 간에 충돌이 일어났다. 아버지는 양쪽 모두로부터 생명의 위협을 받았다. 군인들을 뗏목에 실어주면 FARC가 눈을 부라렸고, FARC를 옮겨주면 정부군이 문제 삼았다. 조한은 "살인이나 납치, 고문이 무척 흔했다"면서 "아버지는 친구들이 어느 날 갑자기 사라지는 일이 생기자 결단을 내렸다"고 했다. 가족은 짐을 싸들고 어머니 친척이 있는 카르타헤나로 도망 왔다.

풍요로운 바그레를 떠나오기 전 조한의 유년 시절은 부족할 것이 없었다. 집도 있었고 할머니의 농장도 있었다. 난데없이 피란민이 돼 카르타헤나의 친척 집에 온 첫날 조한이 받은 충격은 컸다. 가족 누구도 밖으로 나가고 싶지 않았지만 생계는 이어가야 했다. 더부살이 신세가 된 어머니는 아이들 뒷바라지를 하기 위해 간호사 자격증을 땄다. 아버지는 작은 식료품점, 스포츠센터를 비롯해 여러 곳에서 닥치는 대로 일을 했다. 그러다가 조한이 고등학교 졸업반이었던 11년 전 세상을 떠났다.

몸의 학교는 내전과 폭력과 가난에 시달리던 아이들을 가르쳤고, 그 아이들이 자라나서 지금은 가난과 마약과 폭력의 악순환에 갇힌 아

몸의 학교는 내전과 폭력과 가난에 시
달린 아이들을 품어 가르쳤다.

이들에게 춤을 전한다. 조한의 가족이 정착한 카르타헤나의 동네 이
름은 '넬슨만델라'다. 유명 무용수가 된 조한은 넬슨만델라의 슬럼가
아이들에겐 '슈퍼스타'다. 조한이 무용수가 되겠다고 했을 때 아버지
는 열성적으로 응원했다. 어머니도 마찬가지였다. 남성우월주의, 가부
장제가 강한 카르타헤나에서 "무용을 하는 남자에 대해 사람들이 뭐
라고 말할지 부모님은 알고 계셨지만, 편견을 뛰어넘어 내게 헌신하신
분들"이라고 조한은 말했다.

✖ 평화로 가는 먼 길

정부가 FARC 반군과 평화협정을 맺는 것에, 특히 '사면'을 해주는 것에 반대하는 이가 적지 않았다. 조한에게 반군은 가족을 난민으로 만든 존재다. 평화협정을 보면서 그는 무슨 생각이 들었을까. 조한은 "개인과 사회의 평화가 가장 중요하다"면서 "화가 나기보다는 콜롬비아를 위한 기회로 여겨졌다"고 말했다. 가족 중에 FARC나 정부군 폭력으로 인한 희생자가 나오지 않은 것만 해도 다행스러운 일이다. 그는 "지금 주어진 삶을 감사하게 생각한다"고 했다. 학창 시절 내내 몸의 학교와 함께한 조한은 "이상주의처럼 보일 수도 있겠지만 상처를 치유하는 법, 남을 용서하는 법을 계속 배우다보니 몸에 배어버린 것 같다"며 웃었다.

조한에게 고향에 다시 가본 적이 있는지 물었다. 2년 전 바그레의 친척들과 연락을 했지만 모두 돌아오지 말라고 했단다. 산토스 대통령과 반군 지도자 론도뇨가 카르타헤나에서 평화협정에 서명했을 무렵이었지만 여전히 폭력이 빈발하고 있었고, 누가 무슨 피해를 입었느니 하는 소식이 이어졌다. 어쨌든 평화협정은 발효됐고 산토스 대통령은 노벨 평화상을 받았다.

평화를 말하는 시대에 몸의 학교는 여전히 필요할까. 설립자인 알바로는 "평화? 그랬으면 좋겠다"라며 헛웃음을 지었다. FARC 반군이 떠난 자리를 군소 무장 단체들이 차지하면서 몇몇 지역에서 혼란이 오히려 더 심해졌다고 한다. 차라리 강력한 FARC가 군림했던 시절이 나았다는 주민도 적지 않다. 2018년 6월 17일에 치러진 콜롬비아 대선 결선투표에서는 반군 출신의 정치 참여를 금지시키는 등 평화협정을 개정하겠다고 공약한 이반 두케가 당선됐다. 며칠 지난 6월 25일 콜롬비아에서 코카인 재배 면적이 사상 최고치를 기록했다는 보도를 들었다. FARC가 떠난 자리를 비집고 들어간 무장 단체들이 마약 판매 루트를 손에 쥐게 된 탓이라는 분석이 나왔다.

알바로는 "남북정상회담을 감동적으로 지켜봤다"면서 "하지만 콜롬비아에서 평화는 아직 먼 얘기"라고 했다. 또한 전쟁이 끝난다고 해도 몸의 학교의 가치는 달라지지 않을 것이라고 그는 믿는다. "어린아이들이 자라면서 감수성과 자신을 존중하는 법을 배우는 일은 어디에서나 필요하기 때문이다."

8

일하면서
배운다

—

미국 로드아일랜드
'메트스쿨'

속도를 즐기기 딱 좋은 로드아일랜드 주의 한적한 도로. 미국 동북부 뉴잉글랜드 지방에 있는 이곳은 미국에서 가장 작은 주인 만큼 조용하고 아담하다. 노부부가 운영하는 시골 향기 가득한 피자 가게를 지나면 유명 자동차 브랜드 로고들이 눈에 들어오는 건물이 나타난다. 닛산, 혼다, 재규어, 벤틀리, BMW, 벤츠. 커다란 직사각형 건물에 자리 잡은 자동차 정비소다.

다른 아이들이 학교에 있을 시간인 오후 12시 30분, 메트스쿨 12학년 알렉스 휘튼(18세)은 보스턴 서남쪽의 작은 도시 프로비던스에 있는 정비소에서 일을 한다. 한국으로 치면 고등학교 3학년이니 의자와 한 몸이 돼야 할 시기다. 알렉스는 SUV 차량의 쿨링호스를 손보고 있다. 차 주인은 날이 더워졌는데 에어컨 바람이 나오지 않아 정비소를 찾았다. 알렉스는 고장난 쿨링호스를 뚝딱 고치더니 다른 승용차로 옮겨가 엔진오일을 갈았다. 작업을 마치고는 주먹을 불끈 쥐고 하늘로 들어올렸다. '해냈다'는 뜻이다. 알렉스에게 이곳은 일터이자 교실이다. 졸업 이후를 준비하기 위해 인턴십을 하는 중이다.

✎ 자동차만 생각하면 얼굴에 미소가

알렉스는 일주일에 사흘씩 오전 9시부터 오후 3시까지 일한다. "여기가 두 번째 집이나 마찬가지예요. 정비소에 있으면 정말 행복해요." 멍키스패너가 그려진 검은 후드 티셔츠는 알렉스가 가장 좋아하는 옷이다. 처음 인턴을 시작할 때에는 엔진오일 가는 법도 잘 몰랐지만 지금은 웬만한 작업은 다 할 수 있다. 전날에는 트랜스미션을 갈아 끼웠다고 했다. 코앞에 놓인 목표는 자동차 정비 자격증을 따는 것이고, 앞날의 꿈은 자신만의 정비소를 운영하는 것이다.

"중학교 때 따돌림을 당했어요. 제가 멍청한 것같이 느껴지고 수업도 못 쫓아갔죠. 그때 상담 선생님이 '너는 차를 좋아하니까 메트스쿨에 가보는 게 어떻겠냐'고 권했어요." 알렉스는 거리낌없이 자신의 이야기를 털어놨다. 지금은 잘 적응하고 있는지 굳이 물어볼 필요가 없었다. 소년의 표정이 모든 걸 말해줬기 때문이다. 차에 대한 이야기를 할 때에는 무표정하던 얼굴이 밝아지면서 혈색이 돌았다. 다섯 살 때부터 자동차에 관심이 많았다고 했다.

정비소의 주인이자 '멘토'인 딘 프래튼이 '아빠 미소'를 지으며 알렉스를 바라봤다. 프래튼은 장난감 가게를 운영하던 알렉스 아버지와

자동차 정비소에서 인턴십을 하고 있
는 알렉스.

오래 전부터 알고 지냈다. 메트스쿨에 들어간 알렉스가 프래튼을 찾
아와 부탁한 이후로 5년째 멘토를 맡고 있다. 딘은 알렉스를 보면서
자신의 어린 시절을 떠올렸다고 했다. "저도 공부에는 전혀 흥미가 없
었습니다. 아버지는 내가 양복을 입고 일했으면 좋겠다고 했지만 전
자동차를 위해 태어났다고 생각했죠. 그래서 알렉스의 생각을 잘 이
해할 수 있었고, 흔쾌히 멘토가 됐어요."

  알렉스는 일을 마치면 딘의 집에서 바비큐를 함께 먹곤 한다. 그곳
에 갈 때면 딘의 차고는 자연스레 교실이 된다. 알렉스의 가족과 딘의
가족이 뭉칠 때도 종종 있다. 죽이 잘 맞는 멘토와 멘티는 프로비던스

시내에 작은 자동차 용품점을 열었다. 두 사람은 "작은 부업일 뿐"이라고 멋쩍어했지만 자동차에 대한 애정이 만들어낸 소중한 성과였다. 알렉스는 "멘토를 갖는다는 건 새로운 가족이 생기는 거나 마찬가지"라면서 "관심사가 같은 사람이 옆에 있다는 게 이렇게 좋은 건지 미처 몰랐다"고 말했다.

✂ 제이다의 텃밭

로저윌리엄스 공원에 있는 실내 식물원은 뉴잉글랜드에서 규모가 가장 크다. 식물원 한편에는 텃밭이 모여 있다. 봉사자들이 노숙자 쉼터에 갖다주기 위해 돌보는 텃밭, 근처 식당에서 키우는 텃밭 앞에 메

트스쿨 11학년 제이다 거즈먼(17세)의 텃밭이 있다. '메트스쿨 정원'이라고 쓴 팻말이 제이다의 텃밭임을 알려준다. 25제곱미터쯤 되는 직사각형 텃밭에는 상추, 당근, 시금치, 히비스커스 따위가 자란다.

제이다는 2017년 12월부터 이곳에서 인턴을 시작했다. 제이다가 하는 일은 식물을 키우는 것이 전부가 아니다. 손이 필요한 일은 모두 돕는다. 식물원 옆에 사는 염소에게 반갑게 인사하고 밥을 주는 것도 제이다의 몫이다. 모처럼 날이 화창해서 초등학교 4학년 학생들이 견학을 왔다. 식물원 직원이 맨 앞에서, 제이다가 맨 꼬리에서 "이 나무 한 번 만져보세요. 느껴보세요"라고 말하며 아이들을 이끌었다.

제이다는 매일 텃밭을 찾는다. 보통 학생들은 일주일에 두 번 인턴십을 하러 가지만 식물은 매일 물을 줘야 하기 때문이다. 화요일과 목요일에는 오전 8시부터 오후 3시까지 있고, 나머지 날에는 20분씩 물을 주러 왔다 간다. 주말에도 예외는 없다. 집에서 텃밭까지 차로 5분 정도 걸리는데, 날씨가 좋으면 걷기도 한다. 가족과 친구들을 데리고 와서 텃밭을 자랑하기도 하고, 맛보라며 잎을 떼어주기도 한다.

제이다는 부모님의 영향으로 채식주의자로 살고 있다. 고기는 물론 우유, 달걀도 먹지 않는 '비건'이다. 건강한 도시생활, 특히 사람들이 유기농 음식을 먹게 하는 데 관심이 많다. 졸업 후에는 1년 정도 해외 농장에서 일하다가 대학에서 환경학을 전공할 계획이다. "이런 계획을 세울 수 있었던 것도 인턴십 덕분"이라고 제이다는 말했다. 그는 2017년 플로리다주에서 전학 왔을 때를 떠올렸다. "학교에 처음 왔는데 어드바이저(교사)가 뭘 좋아하냐고 물었어요. 다른 공립학교 다닐

정원을 돌보는 건 스스로를 조금
씩 발견해가는 일이기도 하다.

일하면서 배운다

땐 이런 질문을 하는 사람이 없었는데 꽤 놀라고 당황했었죠."

제이다의 멘토는 이 정원의 총책임자인 리앤 프리타스다. 프리타스
는 제이다가 옳은 방향으로 나갈 수 있도록 '가이드'하는 역할을 한
다. 그는 "앞에서 제이다를 이끄는 게 아니라 뒤에서 조금씩 밀어주고
있다. 제이다가 정원을 돌보면서 자신이 어떤 사람인지 알아가고 있는
것 같다"고 말했다.

"안정과 평화로움을 느낄 수 있어서 좋아요. 또 이곳에서 일을 하다
보면 커뮤니티에 봉사하는 마음도 들어요." 제이다는 말했다. 수십 종
을 키우느라 언제 물을 줘야 하는지, 흙을 갈아야 하는지 종종 헷갈
려 애를 먹는다. 싹이 잘 올라오지 않는 시금치는 늘 손이 많이 간다.
가장 애착이 가는 건 샐러드용 새싹. 볼 때마다 잘 자라줘서 고맙다고
했다. 농약을 전혀 쓰지 않으면서 친환경적으로 재배하는 일은 결코
쉽지 않다. "가끔 새나 토끼들이 다 뜯어먹어서 속상해요. 화학물질
을 쓸 수 없으니 로즈마리를 둬서 향으로 쫓아내고 있죠. 오늘 아침에
도 와서 봤더니 동물들이 다 헤쳐놔서 울 뻔했어요." 자신만의 노하우
가 생기면 고구마나 호박같이 키우기 어려운 작물도 심어보려고 한다.

🌱 씨앗에서 밥상까지

제이다는 직접 키운 채소들로 학교 카페테리아 식단을 짜는 프로
젝트를 기획 중이다. 메트스쿨 사람들은 이 프로젝트를 '씨앗에서 밥

상가지'라고 부른다. 제이다는 최근 일주일에 한 번 카페테리아 메뉴를 채식으로 바꾸는 데 성공했다. 메트스쿨 프로그램 매니저인 브랜든 레인과 함께 학교를 설득해 결실을 맺었다. 제이다는 "시작은 일주일에 한 번이지만 점차 늘려갈 것"이라고 했다. 이제 친구들이 먹을 음식에 직접 재배한 유기농 채소를 쓰는 일만 남았다. GMO가 들어가지 않은 샐러드, 채소만 넣어도 맛있는 퀘사디아를 만드는 법을 담은 요리책도 펴낼 예정이다. 제이다 머릿속에는 이미 자신만의 요리법이 꽤 여러 개 있다고 했다.

제이다는 주로 메트스쿨 캠퍼스 안에 있는 'E센터'에서 프로그램 매니저인 브랜든 레인과 프로젝트를 논의한다. E센터의 'E'는 '사업가Entrepreneur'에서 따왔다. 이곳에서 학생들은 좋아하는 일을 어떻게 창업으로까지 연결할 수 있는지를 함께 공부한다. 미국 정부에서 정하는 식단 영양소 규정이 있기 때문에 채식 식단을 올리는 일은 쉽지 않다. 제이다와 같은 채식주의자인 브랜든이 말했다. "제이다의 프로젝트는 아직은 미미한 수준입니다. 창업보다 개혁 쪽에 중심이 맞춰진 프로젝트라고 볼 수 있어요. 돈을 벌기 위해서라기보다 식재료를 재배하고 소비하는 것까지 정형화된 패턴을 바꾸려고 하는 것이니까요."

2018년 현재 문을 연 지 6년이 된 E센터가 추구하는 가치는 '혁신'이다. 9학년들은 이곳에서 '창업의 기본' 수업을 반드시 들어야 한다. 실제 창업에 성공한 이들이 조언을 해주러 오고, 학생들이 창업가의 회사에서 인턴십을 하기도 한다. 얼마 전엔 학생들이 팝업 스토어를 열어서 직접 만든 마스크 팩을 팔기도 했다. 포스터를 만들고, 인쇄하

고, 자동차에 붙여 홍보하는 일도 전부 아이들이 했다. 결과는 '완판'
이었다. 지역 주민들에게 인기가 꽤 좋았다고 한다.

　제이다와 브랜든이 E센터의 탁 트인 테이블에서 프로젝트를 논의하
는 동안 9학년 가브리엘 물리(15세)는 방 안에서 종이공예에 한창이었
다. 종이공예가 그의 창업 아이템인 것이다. 선반에는 각양각색의 작
품이 전시돼 있었다. 가브리엘은 얼마 전 지역 대회에 나가 850달러(약
95만 원)의 사업 자금을 벌었다고 자랑했다. 사람들이 원하는 모양을
주문하면 뭐든지 만들 수 있다고 했다. 가장 잘 팔리는 것은 장미꽃
모양이다. 하나 만드는 데 13시간이 걸리고, 14만 원 정도 받는다. 최

재단사 인턴십을 앞두고 재봉 연습을
하는 학생.

근에는 꽃 모양 작품에 라벤더향이나 로즈마리향도 입힌다고 한다. 그저 개구쟁이 같아 보이는 작은 소년에게 이런 손재주가 있다는 게 놀라웠다.

E센터 곳곳에서는 학생들이 직접 디자인한 스니커즈가 눈에 띄었다. 직접 프린팅한 티셔츠와 가방도 보였다. 실제로 판매되는 상품이라고 브랜든이 전했다. 다른 방에서는 한 학생이 재봉틀을 만지며 봉재 연습을 하고 있었다. 내년에 재단사 인턴십을 앞두고 있는 남학생이다. 브랜든이 남자 바지를 만들 수 있냐고 물었다. "아뇨"라는 대답이 돌아왔다. 브랜든은 "그걸 만들 수 있게 돕는 게 우리 역할"이라고 했다.

✖ 실패한 학교를 구출하다

1996년 처음 문을 연 메트스쿨은 공립학교이지만 일반적인 학교와는 공통점이 거의 없다. 이곳에선 교사를 '선생님'이라고 부르지 않는다. 대신 조언자라는 뜻의 '어드바이저advisor'라고 부른다. 어드바이저 한 명은 학년 구분 없이 16명 정도의 학생을 맡아 '어드바이저리Advisory'를 이룬다. 일종의 학급 개념인 어드바이저리는 졸업할 때까지 바뀌지 않는다. 학생들이 "어드바이저리 안에서는 모두가 가족"이라고 말할 정도로 끈끈하다.

자동차광 알렉스는 자신의 어드바이저인 샘 밥티스트에 대해 "믿을 수 있고 언제든 뭐든 말할 수 있는 사람"이라고 했다. 샘은 "알렉스

이상한 나라의 학교

공교육의 개혁 모델로 주목받는 메트스쿨.

가 내 자동차를 고쳐줄 정도로 나는 차에 대해 잘 알지 못한다. 하지만 멘토와 관계를 잘 맺고 있는지, 뭘 배우는지 살피며 아이가 목표를 이루도록 안내하는 역할을 한다"고 했다. 그는 학생들이 자신의 기대와 다를 수 있다는 것을 알고, 최대한 아이들의 이야기를 들으려고 노력한다고 했다.

어드바이저리 9개 정도가 모여 한 학교가 된다. 메트스쿨은 저스티스(정의), 유니티(통합), 이퀄리티(평등), 리버티(자유), 피스스트리트(평화의 거리), 이스트베이(동쪽 만)라는 6개의 작은 학교로 구성돼 있다. 학생들이 투표해 직접 학교 이름을 지었다. 담장이 없어 학생뿐만 아니라 지역 주민 누구나 자유롭게 드나들 수 있다.

메트스쿨은 20여 년 동안 공립학교 교사로 일한 엘리엇 워셔와 데니스 리트키가 1995년 비영리단체 '빅픽처 컴퍼니'를 설립한 것에서 출발했다. 두 사람은 아이들을 교실에만 가두는, 일방적으로 지식만 주입하는 공교육을 바꿔야겠다는 의지로 학교를 세웠다. 아이들이 좋아하는 것을 가르치는 게 이들 교육 방식의 핵심이다. 공식 명칭은 '대도시 지역 기술직업센터The Metropolitan Regional Technical and Career Center'인데 줄여서 메트스쿨이라 부른다. 2000년 첫 졸업생을 배출했는데, 라틴계와 흑인 학생이 대부분이던 졸업생 가운데 98퍼센트가 대학에 진학해 화제가 됐다. 그 후 미국 공교육의 개혁 모델로 주목받았고, 세계에서 100곳이 넘는 학교가 이 학교의 교육 방식을 배워갔다.

유니티 학교 교장인 아일린 베넷은 "모든 학생에게 좋은 학교이지만 특히 사회경제적으로 어려운 학생들에게 기회를 줄 수 있는 곳"이라고

일하면서 배운다

메트스쿨 설립자인 데니스와 어서.

말했다. 그는 "현재의 공립학교 시스템은 실패했다. 200년 전 백인 남성들이 만들어놓은 교육은 흑인이나 라틴계 배경을 가진 친구들에게는 뒤떨어진 수업일 수밖에 없다"고 지적했다. 25~35명씩 한 교실에서 가르치는 교육 방식도 지금 시대에는 맞지 않는다고 했다.

각 학교는 일주일에 두세 번 '픽미업Pick me up'이라는 프로그램으로 아침을 연다. 교사와 학생이 자유로운 주제로 간단하게 이야기를 나누는 것이다. 취재진이 방문한 날 저스티스 학교는 미투 운동과 관련해 '성관계는 동의하에 하는 것이 중요하다'는 메시지를 전했다. 건물 1층 탁 트인 공간에 모인 학생 70여 명은 성관계를 차 마시는 것에 빗댄 동영상을 함께 봤다. 성폭력방지센터에서 인턴십을 한 미칠렛은 4월이

'성폭력 자각의 달'임을 알리면서 성폭력에 관한 통계를 보여줬다. 아이비리그 중 하나인 브라운대학에서 인턴십을 하게 된 학생을 박수로 축하하기도 했다. 벽면에는 "끈끈한 공동체는 함께 성공한다"라는 문구가 보였다.

픽미업을 마친 뒤 앤드루 코번의 어드바이저리가 쓰는 205호에 학생들이 동그랗게 둘러앉았다. 누군가 주말에 영화 「어벤저스」를 봤다고 말을 꺼냈다. 아이들은 "안 본 사람도 있으니 결말은 얘기하지 마!"라고 서로 아우성을 쳤다. 며칠 뒤 동물원에 가는 일정도 짜고 자유롭게 이야기를 나눴다. 아이들이 모이면 소란스러운 건 세계 어딜 가나 마찬가지인가보다. "어드바이저리 친구들이 진짜 가족처럼 느껴져요?" 노랗고 회색빛이 도는 오묘한 염색 머리가 인상적인 11학년 클리판 스미스에게 물었다. 그는 "100퍼센트죠"라고 답했다. "가족이고말고요. 서로 농담하고 웃다가 싸우기도 하지만 어느 가족이나 그러잖아요."

✂ 햄릿이냐, 졸업해서 무엇을 할 거냐

'한 번에 한 아이씩.' 메트스쿨의 정체성을 표현한 문구다. 학교는 학생 한 명 한 명의 흥미와 진로에 맞는 교육을 한다. 취재진이 눈으로 본 인턴십 활동은 교사가 일방적으로 전달하는 교실 안 수업과는 차원이 달랐다. 평생 자기 자신에게 질문해본 경험이 없는 학생은 맨 처

JADA반의 수업 풍경.

음 이 학교에 와서 흥밋거리를 찾을 때 어려움을 겪기도 한단다. 하지만 흥미가 없어도 괜찮다. 메트스쿨이 쌓은 오랜 경험은 학생들이 체험을 통해 자신이 좋아하는 것을 찾도록 돕는다.

학생들은 일주일에 두 번 저마다 인턴으로 일하는 현장으로 출근한다. 현장은 광고 회사, 방송국, 동물원, 애완동물 가게, 로펌, 시민단체, 디자인 업체, 병원, 고아원, 출판사, 이벤트 기획사 등 아이들이 원하는 곳이라면 어디든 될 수 있다. 인턴으로 일할 곳을 구하는 일은 아이들 몫이다. 학생들은 거기서 현장 전문가인 멘토에게 배운다. 어드바이저들은 아이들이 있는 현장을 점검한다. 아이가 어떻게 지내는

"열정 없이 하려면 차라리 아무것도 하지 말라."

지 둘러보고 멘토와도 이야기를 많이 나눈다. 이렇다보니 학생과 어드바이저, 지역 공동체가 자연스럽게 연결된다.

"읽기, 쓰기 수업도 아이들 관심사를 고려해야 해요. 꼭 셰익스피어를 읽는 게 맞지 않을 수도 있어요. 물론 역사적 콘텐츠도 살아가는데 중요하죠. 하지만 햄릿이냐, 졸업해서 무엇을 할 거냐 생각해보면답이 나옵니다." 유니티 학교 교장 베넷의 말이다. 학생들은 같은 책을보면서 기존 학교가 가르치는 과목을 배우기도 하지만 대부분의 시간을 개인 프로젝트에 쓴다. 메트스쿨은 학생의 학습 과정과 결과를 개별적으로 평가한다. 학생들은 학기마다 인턴십에서 배운 것을 작품이나 공연, 보고서로 만들어 학생, 교사, 학부모, 주민들 앞에서 발표한다. 이렇게 쌓인 경험은 100점이나 1등급을 받는 것보다 값지다. 주 교육 당국이 실시하는 시험을 치를 때도 있지만 학교생활에서 차지하는 비중은 미미하다.

공립학교여서 학비는 전액 무료다. 초창기에는 빌 게이츠 같은 기업가들의 전폭적인 후원을 받았다고 한다. 어떻게 양질의 교육을 계속 무료로 제공할 수 있는지 궁금했다. 메트스쿨의 공동 책임자인 낸시 베인은 말했다. "우리는 다른 학교에 다 있는 농구 코치, 음악 교사, 도서관 사서가 없어요. 교감도 없고 학교 구조도 달라요. 아이들이 음악을 배우고 싶으면 나가서 기타리스트를 만나면 되니까요. 이런 식으로 균형을 맞춰가고 있습니다."

"열정 없이 하려면 차라리 아무것도 하지 말라." 메트스쿨의 공동 창립자 데니스 리트키의 방에 들어서자마자 이런 문구가 보였다. 리트키는 "극단적이긴 하지만 모든 사람이 다 알아야 한다고 생각하는 사실은 없다"고 말했다. 그렇기 때문에 문학, 수학, 사회, 과학 등 개별 교과보다 학생의 흥미에 초점을 맞춘다는 것이다. "학생이 동물을 좋아하면 동물원을 찾을 수도 있고 수의사를 만나러 가도 됩니다. 학교는 아이가 사회와 관계 맺는 법을 알려주고 돕는 거죠. 잠깐 재미있게 배우는 것이 아니라 깊게 배우는 것이 중요해요." 리트키와 함께 학교를 세운 엘리엇 워셔는 "일주일에 두 번 밖에 나가 인턴십을 해서 직업을 얻을 수도 있고, 아닐 수도 있다. 중요한 건 직업을 얻지 못한다 해도 학교 안에서 배울 수 없는 무언가를 배우게 된다는 것"이라고 했다.

공립학교인데도 전형적인 공립학교의 틀에서 벗어날 수 있었던 이유는 뭘까. "우리가 잘하고 있다는 걸 보여줬기 때문이죠." 워셔가 말했다. 아이들이 좋아하는 걸 배우면서 성장하는 모습을 보여줬기 때문에 주 정부도 학교를 믿고 아이들을 맡긴다는 것이다. 그는 "현장에 있는 사람들이 정책에 영향력을 가져야 한다"고 강조했다. "보고서만 봐서는 아무것도 알 수 없어요. 학교 밖이 아니라 학교 안에서, 외곽에서 중심으로 바꿔나가야 합니다."

✂ 선생님 댁에 들락거리는 학생들

오전 10시 30분 저스티스 학교 205호 앤드루 코번의 어드바이저리 아이들이 분주해졌다. 서둘러 가방을 챙겨 학교 밖 버스 정류장으로 향했다. 트롤리버스를 타고 15분쯤 지나 도착한 곳은 코번의 집. 아이들이 그의 집에서 멕시코 대표 음식인 부리토를 만들어 먹고 근처 동물원에 가기로 한 날이었다.

3층짜리 주택 옆에 딸린 작은 마당에 아이들이 스스로 의자를 찾아와 둘러앉았다. 몇몇은 스마트폰으로 사진을 남기기에 바빴다. 2층 주방에서 코번의 음식 준비를 돕는 친구들도 있었다. 모두 이 집을 낯설게 느끼지 않는 듯했다. 클리판은 코번의 집에 온 게 이번이 세 번째다. "처음엔 선생님 집에 간다니 좀 이상하기도 했지만 새로운 경험이었어요. 계속 와보니 저도 선생님을 잘 알게 되고, 선생님도 저를 더 잘 이해하게 된 것 같아요. 지난번엔 파스타를 만들었는데 오늘은 부리토라네요."

이번이 두 번째 방문이라는 젠틀리 토레스는 "앤드루는 매우 열성적이고 에너지가 넘친다. 에너지가 너무 많아서 우리가 맨날 놀린다"고 말했다. 재료가 준비되는 동안 마당에 있던 라일라 알브스에게 자기가 뭘 좋아하는지 찾는 게 힘들지 않냐고 물었다. 답은 단호하고 명쾌했다. "어쨌든 인생을 살면서 누구나 고민을 하게 되는데 조금 일찍 고민하는 게 더 좋죠. 6000달러씩 대학 학비를 내면서 고민하는 것보다 낫지 않겠어요?"

"모두 들어와!" 누군가 식사 준비가 끝났다고 알리자 아이들은 앞다퉈 좁고 가파른 계단을 올랐다. 흰 쌀밥, 치즈, 올리브, 나초, 토마토소스가 식탁 위에 가지런히 놓여 있었다. 아이들은 얇은 토르티야 위에 먹고 싶은 재료를 올려 돌돌 만 뒤 한입씩 베어 물었다.

학교 다닐 때 '칭찬 스티커'를 많이 모았다고, 모의고사 성적이 많이 올랐다고, 선생님께서 짜장면을 사주신 기억은 있다. 하지만 교사의 집에 아이들이 자유롭게 드나드는 모습은 놀라웠다. 코번은 "집으로 초대하는 게 일반적인 일은 아니라는 것을 나도 안다. 미국 학교에서도 흔한 장면은 아니다"라고 말했다.

"우리의 삶과 학생들 삶 사이의 경계는 필요해요. 하지만 아이들에게 무슨 일이 생겼을 때 언제든지 제게 이야기할 수 있도록, 아이들을 좀더 잘 알 수 있는 기회를 만들고 싶었어요. 함께 식사하는 게 아이들 정서에도 좋고 가족 같은 소속감을 느끼는 데에도 좋아요." 15년째

앤드루 선생님 집에서의 점심식사.

선생님 집에 와보니 선생님은 우리를,
우리는 선생님을 더 잘 이해하게 됐다.

메트스쿨에서 일하고 있는 코번은 자신의 일에 대해 "그냥 돈을 버는 직업이라기보다는 일종의 라이프 스타일"이라고 말했다.

✎ 기성복을 벗은 학교가 필요하다

유니티 학교의 베넷 교장은 학생의 이름뿐만 아니라 멘토의 이름까지 기억했다. 부모님 관계는 물론 할아버지, 할머니 이름도 안다고 했다. 알렉스를 아느냐고 물었다. "항상 '나는 차를 사랑해'라고 외치는 아이잖아요. 4년 넘게 같은 멘토한테 배우고 있죠. 처음엔 학교가 싫다더니 지금은 누구보다 재미있어하며 다녀요." 아일린의 화이트보드는 어드바이저이던 시절 맡았던 아이들 사진으로 가득 차 있었다. 저스티스 학교의 재닛 윌리엄스 교장도 마찬가지였다. "메트스쿨에서 처음 가르친 아이들이 서른 살이 됐어요. 제가 자녀의 대모가 되어주기도 하고 가족 장례식에도 가요. 전 모든 학생이 좋은 교육을 받을 수 있도록 항상 이 자리에 있습니다."

아이가 좋아하는 것에 가장 큰 가치를 두는 메트스쿨의 철학을 한국에 알리려는 시도는 이미 많았다. 창립자들의 책이 번역됐고, 이들이 직접 한국에 와서 메트스쿨 이야기를 들려주기도 했다. 교육부와 시도교육청도 일찌감치 이 학교의 커리큘럼을 연구하고, 세미나나 보고서에서 벤치마킹 사례로 언급하곤 한다. 하지만 그뿐이다. 한국 교육에서 아이들의 흥미는 빠져 있다. '진로 탐색 교육' '개인 맞춤형 학습' '자기 주도 학습'은 말로만 존재하는 듯하다. 학교 현장에서 이런 교육이 이뤄진다고 해도 속을 들여다보면 '앙꼬 없는 찐빵'이다.

2018년부터 모든 중학교로 확대된 자유 학기제는 메트스쿨과 비슷한 문제의식에서 나왔다. 중학교 1학년들이 한 학기 동안 진로 탐색, 토론, 실습 등을 통해 꿈과 끼를 찾게 하는 제도다. 자유 학기에는 시험을 보지 않으니 내신 관리 부담이 줄어든다. 아이들의 꿈을 찾게 하자는 취지에는 대부분 공감한다. 문제는 자유 학기제가 메트스쿨 아이들처럼 진로를 찾아갈 기회를 줄 수 있느냐다.

교사들은 "학생들이 체험하고 싶어하는 직업 분야는 다양한데 기꺼이 직업 체험을 함께 해줄 현장은 많지 않다"고 토로한다. 반나절 유명 대학을 둘러보고 나서 '전공 탐방'이라고 이름 붙이는 식의 진로 체험이 수두룩하다. 5년째 정비소에서 실습을 하는 알렉스와, 기업체를 방문해 두어 시간 견학을 하는 것으로 끝내는 한국 학생들의 경험을 비교할 수 있을까. 메트스쿨의 모델을 한국의 교육 현장에 그대로 가져오자는 이야기가 아니다. 한국의 교육자들은 메트스쿨 같은 성공 사례가 있다는 것을 주목해왔다. 이제는 교육 현장에 어떻게 적용할 수 있을지를 고민할 때다. 한국 사회에도 기성복을 벗은 학교가 필요하다.

9

내 맘대로 교실

—

네덜란드
'스테렌보쉬
초등학교'
'노더리흐트
초등학교'

화요일 오전 9시 30분. 네덜란드 소도시 스헤르토헨보스 주택가의 스테렌보쉬 초등학교 8학년 교실은 수업 시간이라는 게 믿기지 않을 정도로 왁자지껄했다. 선생님은 보이지 않았다. 아이들은 복도에 놓인 컴퓨터를 들여다보거나 교실에서 의자와 책상에 걸터앉아 이야기를 나누고 있었다. 교실에 들어오기 전 교장 선생님에게 전해 들은 수업 시간표에 따르면 분명 수학 수업이 한창 진행되고 있어야 할 시간이었다. 지금이 어떤 시간인지 묻자 루카스(12세)가 잠시 친구들과 눈빛을 주고받더니 유창한 영어로 말했다. "지금은 수업 시간이지만 저는 8학년이라 제가 할 일을 골라서 할 수 있어요."

의아한 표정을 본 루카스가 A4 용지 한 장을 내밀었다. 이 학교 학생들이 이번 주에 할 일을 담은 개인별 활동기록지다. 언어·읽기·수학·영어 같은 과목의 이번 주 진도뿐 아니라 개인별로 달성할 과제가 적혀 있다. 주요 과목 이외

수업 시간인데 수업 시간 같지 않은 스
테렌보쉬 초등학교 한 교실의 풍경.

에 루카스가 이번 주에 공부할 것은 컴퓨터 게임으로 하는 수학, 이집
트의 역사와 관련된 프로젝트 수행 등이다. 게임은 공부의 중요한 한
축이다. 루카스는 "저는 영어 게임을 좋아해서 영어도 잘하게 됐어요"
라고 덧붙였다. 루카스는 이날 컴퓨터 활동을 다 끝내고 이튿날부터
는 수학 보충학습을 하겠다는 계획을 세워놨다. 이번 주 활동으로 수
학 교재 4페이지를 공부해야 한다. 활동기록지는 선생님과 아이들이
함께 만들지만 아이들이 스스로 체크한다. 선생님은 크게 관여하지
않는다.

　네덜란드 초등학교는 8학년제다. 네 살 생일 다음 날 입학해 열두
살에 졸업하는 시스템이다. 바로 옆 3학년 교실에서는 네덜란드어 읽

기 수업이 한창이었다. 분명 수업 시간인데, 모든 아이가 교실에 앉아 있지 않았다. 복도에서 두 아이가 컴퓨터로 수학 게임을 하고 있었다. "어떻게 하는 거냐"고 묻자 양팔저울의 한쪽에 소와 양, 코끼리 같은 동물을 올려놓고 반대쪽에 추를 올려놓아 무게를 재는 모습을 보여 줬다. 다른 아이는 시계를 보는 법을 가르쳐주는 게임을 했다. 알아서 하는 수학 보충수업이다. 수업 시간이지만 복도에 놓인 컴퓨터에 앉아 있는 아이가 많았다. 학교 탐방에 동행한 교육 컨설턴트 리머 크라머 는 "스테렌보쉬는 네덜란드의 아주 평범한 초등학교 중 하나"라고 여 러 차례 강조했다.

✗ 150년 전의 학교를 넘어서

"여기 현대의 전화기가 있습니다. 보이시나요? 그리고 이건 150년 전 의 전화기입니다. 지금과 많이 다르죠? 이것은 오늘날의 교통수단이 고, 이것은 150년 전의 교통수단입니다." 미국의 유명 래퍼 겸 사회활 동가 프린스 이에이Prince Ea가 유튜브에 올린 '나는 학교를 고발한다'라 는 동영상은 이렇게 시작된다. 최신형 스마트폰과 다이얼이 달린 거대 한 자석식 전화기, 날렵한 스포츠카와 말이 끄는 마차를 차례로 보여 준 그가 페이지를 넘기자 평범한 교실 사진이 등장한다. "이건 오늘날 의 교실입니다. 그리고…… 이건 150년 전에 우리가 공부했던 교실 모 습이에요. 한 세기가 넘는 동안 학교는 아무것도 달라지지 않았어요.

그런데도 지금 우리 학교 교육이 학생들의 미래를 준비한다고 말할 수 있나요?"

교실 앞에 선 선생님, 교탁을 보고 일렬로 앉은 학생들. 반 전체를 넘어 전국의 학생이 똑같은 교과서를 가지고 공부하는 수업. 근대 이후 '공교육'이 탄생하면서 익숙해진 학교의 풍경이다. 민주주의가 발달하고 산업 구조가 혁명적으로 바뀌면서 모든 국민을 '보편적으로' 가르칠 필요가 생겨나자, 국가는 가족이나 종교 기관에 맡겨졌던 교육의 기능을 가져와 직접 관리하기 시작했다. 유럽 각국에 의무교육제도와 공립학교가 생겨났다. 사립학교도 국가의 관리감독 하에 들어갔다. 그 결과 전체적인 교육 수준은 크게 올라갔지만, 모든 사람은 국가가 정한 똑같은 지식을 배우게 됐다.

1794년 프로이센에서 세계 최초의 공교육 제도가 만들어진 지 200년이 훌쩍 넘었다. 학교는 이대로 좋을까. 클릭 한 번으로 얻을 수 있는 지식보다 창의력과 문제 해결 능력이 강조된다는 '4차 산업혁명'의 시대, 인공지능이 인간보다 일을 잘할 수도 있다는 미래에도 교과서를 보고 수업을 듣고 시험을 보는 학교라는 공간은 계속 유용할까. 모두에게 똑같은 지식을 가르치는 것보다는 각자의 잠재력을 깨워주고 실생활에 필요한 기술과 문제 해결력을 키워주는 게 옳은 방향이 아닐까.

지식 습득보다 창의력을 강조한 '대안학교'는 늘 있었지만, 최근에는 근대의 틀에 갇힌 학교를 공교육 제도 안에서 바꿔보려고 시도하는 나라도 많다. 2018년 6월 초, '미래를 준비한다'는 학교들을 보러 네덜란드 암스테르담에서 남쪽으로 70킬로미터 정도 떨어진 인구 15만 명의 작은 도시 스헤르토헨보스를 찾았다. 스헤르토헨보스라는 이름은 '공작의 숲'이라는 뜻이다. 지역 주민들에게는 '덴보스'라는 애칭이 더 친숙하다.

스테렌보쉬 초등학교의 8학년 시간표를 다시 한번 살펴봤다. 오전 8시면 학교 문이 열리고, 아이들이 등교하기 시작한다. 교장 선생님인 아리장 반 산튼이 매일 아침 등교 시간이면 교문 앞에 나가 아이들을 맞이한다. 부모들과 교장이 자연스럽게 만나 이야기를 나눌 수 있는 시간이다. 아이들의 손을 잡고 교문 안으로 들어온 부모들이 익숙한 듯 반 산튼 교장에게 눈인사를 했다.

✂ 8학년의 주제는 '이집트'

빠른 네덜란드어로 웃고 떠들며 교실로 들어가는 아이 중에 책가방을 든 아이는 별로 없었다. 대부분은 소지품을 넣은 작은 가방만 메거나 운동복이 담겼을 법한 스포츠백을 들었다. 아예 운동복 차림으로 학교에 오는 아이도, 스케이트보드만 달랑 들고 들어오는 아이도 있었다. 대개 숙제가 없기 때문이다. 스테렌보쉬는 4학년부터는 숙제를 내주고 있지만, 교과서를 아예 집에 가져가지 말라고 지도하는 학교도 있다고 한다.

일과는 8시 30분부터 9시까지는 쓰기, 9시부터 10시까지는 수학.

공부하다가 중간에 15분 동안 바깥에
서 노는 학생들.

선생님이 수업을 하는 게 보통이기는 하지만 이렇게 아이들이 개별적
으로 자기 할 일을 하거나, 아예 수업 시간을 통째로 개별 활동 시간
으로 내주는 일도 잦다. 그 후에 15분 동안 집에서 싸온 간식을 먹는
짧은 휴식 시간이 있고 15분 동안은 잠시 바깥에서 논다. 6학년부터
는 이 시간에 학교 바깥까지 나가서 놀 수도 있다.

오전 10시 30분부터 11시 45분까지는 자율 학습 시간이다. 이때 아이들은 부족한 과목을 알아서 더 찾아 공부하기도 하고, 컴퓨터 앞에 앉아 게임을 하거나 모둠별 프로젝트를 한다. 2~3명씩 팀을 꾸리고 정해진 주제를 스스로 조사해 보고서를 만들어 발표하는 것이다. 8학년 아이들에게 주어진 주제는 '이집트'다. 대주제 안에서 이집트의 역사와 문화, 유적 등을 자유롭게 골라 공부하고 발표한다. 이집트에 관한 지식만 쌓는 것이 아니라 발표를 하면서 언어 능력을 기르고, 연도를 계산하면서 계산 능력을 배운다. 친구들과 협업하는 기술, 의사소통 능력도 자연스레 기를 수 있어 학교가 선호하는 방법이다.

11시 45분부터 12시까지는 어려운 단어와 숙어를 공부한다. 30분 동안 점심 휴식을 하고 나면 오후 3시까지 체육 시간과 '시민교육'이 이어진다. 일주일에 두 시간씩 있는 시민교육 시간에는 자유와 평등, 타인과 다른 문화에 대한 이해와 관용 같은 민주주의의 가치를 가르친다. 최근 네덜란드에서는 시민교육 시간을 더 늘려야 한다는 목소리가 커지고 있다고 한다.

네덜란드에는 정부가 정해놓은 교과서가 없다. 중앙정부가 정한 교육과정과 성취 기준, 반드시 가르쳐야 한다고 정해진 과목은 있지만 그 목표를 어떻게 성취해갈지는 학교와 교사들이 알아서 결정한다. 8년 동안의 법정 의무 수업 시간인 7520시간만 채우면 나머지는 완전 자율이다. 그렇게 하면 교육의 품질이 떨어지지 않느냐고 묻자 리머는 "흘러간 것을 가르치지 않기 위해서"라고 대답했다. "정부가 교과서를 정하지 않는 건 우리 사회의 발전이 너무 빠르기 때문입니다. 교과서를 쓰고 승인을 받는 동안, 거기에 실린 지식은 이미 구시대의 것이 돼 버리잖아요. 새로운 것을 빨리 업데이트해서 가르치려면 현장에서 가르칠 것을 결정해야죠."

'학년' 개념도 명확치 않다. 정확히 말하면 학년별로 반을 편성하지 않고 여러 개 학년을 묶어 한 반을 편성하는 일이 꽤 보편적이다. 스테렌보쉬는 1~2학년을 섞어서 2개 반을 편성했다. 4~5학년, 5~6학년, 7~8학년이 묶인 반도 있다. 고학년 학급을 묶어 편성한 이유는 한 학년으로 한 반을 만들기에 인원이 조금 부족해서였지만, 1~2학년을 섞은 데에는 목적이 따로 있다. 아이들끼리 섞여 지내며 서로 돕

스트렌보쉬에서는 학년 개념을 명확히 하지 않고 섞어서 편성하는 게 꽤 보편적이다. 여기엔 서로 돕고 돌보려는 취지가 숨어 있다.

고 돌보는 방법을 배우도록 하기 위해서다.

20세기 초 독일에서 시작된 혁신 학교인 '예나플랜' 모델을 따르는 일부 학교는 3개 학년에 해당되는 학생들을 한 단위로 묶어 가르친다. 아이들은 마치 비슷한 연령대가 자연스럽게 어울려 노는 형제자매나 동네 친구처럼 모르는 내용을 서로서로 배우고 가르친다. "수준별로 수업하기 때문에 학년이 다른 아이들이 한 반에 있어도 큰 문제는 없어요. 여러 수준의 아이들을 각각 가르칠 수 있는 것도 교사가 갖춰야 할 능력이라고 생각하고요." 반 산튼 교장이 말했다. 대신 두 개 학년을 한꺼번에 가르치는 교사는 행사 준비 같은 학교 잡무에서는 빼준다.

✎ 답은 가능한 한 끝까지 알려주지 않아요

"그럼 우리 4명씩 모여볼까요?" 선생님의 말이 떨어지기 무섭게 아이들이 바로 옆 교실로 우르르 뛰어갔다. 스테렌보쉬와 그리 멀리 떨어지지 않은 덴보스의 또 다른 학교, 노더리흐트 초등학교의 5~6학년 교실은 떠들썩했다. 이 아이들은 오늘 전류가 흐르는 원리를 알아본다. 같은 수업 시간이지만 아이들이 하고 있는 작업은 여기서도 각자 달랐다. 남자아이 몇은 복도에서 공 모양의 로봇을 아이패드로 조종했다. 손가락으로 아이패드 화면에 선을 그리자 로봇이 선을 따라 데굴데굴 구르면서 움직였다. 색깔 패드를 조정하자 불빛 색은 파란색과 초록색, 빨간색으로 계속 바뀌었다. 교실 안에서는 한 무리의 여자아

아이들은 형제자매처럼 어울려 놀면
서 서로가 서로를 가르친다.

이들이 말판 위를 걸어다니는 로봇을 조종하며 '부루마블' 비슷한 게
임을 했다. 모두 아이들이 직접 프로그래밍한 것이다.

　나머지 아이들은 건전지에 전류가 흐르는 블록이나 물체를 연결시
켜 프로펠러를 돌리거나 전구를 켜는 실험을 했다. 리나(8세)의 조는
소금물과 연필을 받았다. 연필에 든 흑연에 전기가 통하는 것을 이용
해, 연필을 소금물에 담가 전구를 켜면 성공하는 실험이다. 앞선 시간
에 전류가 통하는 물질에 대해 배우기는 했지만 막상 실험에 나선 아
이들은 곧바로 전구를 켜지 못했다. 난관에 부딪힌 리나와 친구들에
게 선생님이 다가와 "연필 안에 뭐가 들었니?"라고 물었다. 아무도 모

른다고 했지만 선생님은 대답해주지 않았다. "그러면 먼저 연필에 뭐가 들었는지 알아볼까?"

리나가 자기 자리에서 아이패드를 들고 와 '연필에 들어 있는 것'을 검색하기 시작했다. "우리는 아이들에게 질문을 유도하는 역할만 해요. 지식을 바로 알려주기보다는 먼저 직접 찾아보도록 호기심을 유발해줘요." 담임 선생인 로첼레가 설명했다. "아이들이 끝까지 답을 찾지 못하면 물론 정답을 알려주지만, 직접 찾아보려는 노력을 한 아이들의 기억에 그 지식이 훨씬 오래 남겠죠. 솔직히 그냥 알려주는 게 더 쉽기는 해요. 아이들은 정말 모든 걸 물어보거든요. 가끔은 제가 모르는 걸 물어보기도 한답니다. 그럴 땐 그냥 같이 인터넷에서 찾아봐요."

노더리흐트 아이들은 만 7세인 4학년이 되면 모두 아이패드를 하나씩 지급받는다. 학교 예산으로 구매한 것이다. 교실 벽에는 스마트TV가 걸려 있다. 네덜란드는 중앙정부 차원에서도 2000년대 중반부터 정책적으로 칠판을 없애고 전자 칠판을 활용하도록 하는 등 스마트

노더리흐트 초등학교 5~6학년 교실에서는 학생들 스스로 실험을 한다.

기기를 더 많이 쓰라고 독려해왔다. 지금은 지나친 투자로 재정이 어려워져 더 이상 운영되지 않고 있지만, 한때 '초등 미래 교육'의 모델로 세계의 관심을 끌었던 '스티브잡스 학교'가 시작된 곳도 네덜란드다. 이 학교는 오전 7시 30분부터 오후 6시 30분까지 문을 열어 아이들이 원하는 시간에 등하교할 수 있게 했고, 아이패드 앱을 통해 교사의 개별 지도를 받았다.

✎ '어제의 것'을 가르치지 말라

노더리흐트도 스마트 기기를 많이 쓴다는 면에서는 비슷하다. 아이들은 아이패드를 공책이나 연필, 교과서처럼 늘 책상 위에 꺼내놓고 그걸로 공부를 한다. 전자책을 읽거나 학습용 애플리케이션을 쓰기도 하고, 사진을 찍거나 필기도 한다. 아예 전자책을 교재로 정한 과목도 있다. 동영상을 촬영해 직접 편집하거나 컴퓨터그래픽을 입히고, 프레젠테이션을 하는 데도 유용한 도구다.

왜 이 학교들은 스마트 기기를 쓰는 걸 그토록 중요하게 생각할까. 노더리흐트의 프라우크 도네르 교장에게 물었다. 그는 "아이가 졸업 후 살아갈 앞으로의 인생을 준비할 수 있도록 하는 게 이 학교의 목표이기 때문"이라고 말했다. "책으로만 아이들을 가르칠 수도 있고, 스마트TV와 아이패드 대신 전자 칠판과 교육용 태블릿을 줄 수도 있겠죠. 그런데 학교 밖에서는 전자 칠판이나 교육용 태블릿 같은 걸 아무도 쓰지 않잖아요. 사회는 계속 변화하고, 그에 맞춰서 학교도 변해야 한다고 생각합니다." 그는 네덜란드에는 "어제 배웠어야 할 것을 오늘 가르치지 말라"는 말이 있다고 했다. "옛날 방식으로 가르치는 것은 아무것도 가르치지 않는 것과 같지 않을까요?"

학교는 학부모에게 전달하는 학교 가이드에 아예 '스마트폰 반입이 가능하다'고 명시해놓았다. 한국 학교에서는 대부분 교실 안에서 스마트폰을 사용하지 못하도록 한다고 하자 도네르 교장은 "우리도 과몰입 문제를 걱정하지 않는 건 아니다"라고 말했다. 하지만 학교는 아이들에게 스마트폰을 쓰지 못하게 하는 대신, 적절하게 통제하며 사용하는 방법을 가르치는 쪽을 택했다. '밖에 나가선 어차피 쓰게 될 것'이기 때문이다.

"사실 우리도 이전에는 인터넷에서 유해 사이트에 접속하지 못하도록 필터링하려고 해보긴 했어요. 그런데 큰 효과가 없었습니다. 학교에서 유해 사이트를 차단해봤자 집에 가면 다 보잖아요. 차라리 왜 음란 사이트에 들어가면 안 되는지 알려주는 게 낫습니다." 부적절한 사이트에 접속하는 게 해로운 까닭부터 해킹이나 개인 정보 유출의 위험성까지, 디지털을 이해하고 활용할 수 있는 '디지털 리터러시' 교육이 자연스레 이뤄진다. 교실에서도 스마트폰을 꼭 써야 할 이유가 있을 때만 사용하도록 지도한다. 그래서일까, 모두가 인터넷이 연결된 아이패드를 하나씩 들고 있었지만 학교에 머무는 동안 스마트폰이나 아이패드에 빠져 있는 아이는 보이지 않았다.

✎ 모든 선생님이 체육 교사

오후는 5~6학년 아이들의 자연 시간이다. 오늘은 곤충에 대해 배우는 날이다. 아이들은 먼저 교실에 모여 앉아 곤충에 대한 설명을 들었다. 곤충이 무엇인지, 포유류와의 차이는 무엇인지를 간단히 설명한 선생님이 "2분을 줄 테니 아는 곤충을 모두 적어보자"고 말하자 모두가 자연스레 책상 속에서 아이패드를 꺼냈다. 각자 기본 메모장이나 필기용 애플리케이션을 열어 알고 있는 곤충 이름을 적어내려가기 시작했다. 개미, 불개미, 꿀벌, 말벌, 잠자리…… 상상력의 범위 안에 있는 곤충 이름이 아이패드에 타이핑됐다. 아이패드는 모두 인터넷에 연결돼 있었지만 교실 안에 있던 20여 명 중 딴짓을 하는 아이는 없었다.

네덜란드의 초등학교들은 스마트 기기를 적극적으로 권장하고 활용한다.

진지한 공기 속에서 2분이 지났다. 자연 선생님 톰이 다시 입을 열었다. "많이 어려웠나요? 사실 곤충은 어디에나 있어요. 바위를 들면 그 밑에서도 나오고, 나무에서도 찾을 수 있죠." 자기가 쓴 곤충 이름을 읽어보자고 하자 아이들이 경쟁하듯 손을 들었다.

아이들은 질문하고 답하기를 전혀 꺼리지 않았다. 수업과 상관없는 말이 나왔다고 타박하는 사람은 없었다. 곤충과 절지동물에 대해 설명하던 톰이 나비 표본과 킹크랩 표본을 꺼내들었다. 아이들의 눈이 반짝이기 시작했다. "이 게는 다리가 8개고, 네덜란드에 살지는 않아요." "선생님이 잡았어요?" "아니, 시장에서 샀지." 한 남자아이가 꼭 말하고 싶은 게 있는 듯 의자 위에 올라서다시피 하면서 손을 들고 소리쳤다. "선생님, 저는 상어를 봤어요!" 톰이 "그랬냐, 어디서 봤냐"고 맞장구를 쳤다.

수업은 교실에만 머무르지 않는다. 배운 걸 직접 확인하는 야외 수업이 꼭 따라붙는다. 오후가 되자 아담한 놀이터가 딸린 학교 정원은 전교생의 절반이 몰려나온 듯 북적였다. 곤충 공부를 하던 아이들은 어느새 채집통과 곤충 그림이 상세히 그려진 종이를 들고 나무 틈과 수풀을 뒤지고 있었다. 뭘 잡았느냐고 묻자 남자아이 하나가 자랑스레 다가와 손에 든 벌레를 보여줬다. "딱정벌레예요! 내 친구는 개구리를 잡았어요." 수업 시간에 배운 곤충의 몸 구조, 다리 개수를 직접 확인하는 시간이다. 놀이터에서 흙장난을 하던 저학년 아이들이 신기한 듯 벌레를 잡는 아이들을 쳐다봤다.

야외 수업이 아니더라도 이 학교에는 하루에 30분씩 꼭 바깥에서

교실에서 곤충 공부를 한 뒤 아이들은
곧바로 밖에 나와 곤충 채집을 해서
지식을 제 것으로 만든다.

매일 30분은 꼭 바깥에서 뛰어논다.

노는 시간이 있다. 말 그대로 온전히 '뛰어노는' 시간이다. 고학년이 되면 놀이 시간은 줄어들지만 대신 주 2회 45분씩 체육 시간이 있다. 네덜란드에서는 모든 초등 교사가 체육 교사 자격증을 갖춰야 하고, 학교에는 법적으로 체육관을 꼭 만들어야 한다. 하지만 아직도 선생님들은 바깥에서 노는 시간이 더 필요하지 않을까 고민한다. "아이들이 실내에서 지나치게 많은 시간을 보내는 것 같아 바깥에서 할 수 있는 활동을 늘려볼 방법이 없을지 생각하고 있어요." 아이들을 지켜보던 도네르 교장이 말했다.

✎ 대학 진학률은 20퍼센트 미만

네덜란드의 학교가 학습 부담도 시험도 없는 천국이라고 생각하면 오산이다. 스테렌보쉬 학교를 찾았던 6월 5일은 마침 7학년 아이들이 시험을 보는 날이었다. 굳게 닫힌 교실 안에서 각자 시험지를 붙잡고 끙끙대는 모습은 한국과 크게 다르지 않았다. 이 학교는 한 해에 두 번 시험을 치른다. 수학·읽기·쓰기·문법이 시험 과목이다. 그러나 시험 결과가 점수로 나오는 것은 아니다. 학습한 내용을 제대로 이해했는지, 이해하고 문제를 해결하는 데 시간이 얼마나 걸리는지, 다른 친구들에게 이해한 내용을 설명할 수 있는지를 살펴 학업 성취도를 평가한다.

평소 수업 시간에도 일상적으로 평가를 한다. 다만 '성취 기준'은 교사가 제시하더라도, 목표는 아이가 선택한다. 예를 들어 노더리흐트의 5~6학년 아이들은 매주 20문제씩 받아쓰기 시험을 보는데, 한 번에 몇 개를 맞추는 걸 목표로 삼을지 선택하는 건 아이들이다. 모두가 100점을 목표로 하지는 않는다는 얘기다. 평가는 자연스럽게 수준별 수업으로 이어진다. 수업은 대개 '짧은 설명'과 '긴 설명'으로 나뉘어 있다. 받아쓰기에서 19~20개 맞출 정도로 학습 내용을 잘 이해하는 아이들은 간단한 설명을 들은 뒤 스스로 문제를 해결하는 연습을 한다. 그보다 적게 맞출 수 있는 수준의 아이들은 긴 설명을 선택해 듣는다. 처음에는 다 같이 수업하고 이후 수준별 수업을 진행한다. 아이들은 각자 포트폴리오에 학습 목표를 얼마나 달성했는지 적는다. 아이가 잘 따라오는 것으로 판단되면 선생님이 목표를 올려보라고 권유하기도 한다.

'학년 융합 교육'을 할 수 있는 것은 수준별 수업이 자리잡혀 있기 때문이다. 학년제는 나이가 같으면 학습 능력이 같다는 전제로 만들어진 제도지만, 실제로는 학년이 같아도 아이들 간 학습 능력의 차이가 크다는 건 누구나 안다. 도네르 교장은 "두 학년을 합쳐서 수업하는 게 가장 효과적인 것 같다"고 말했다. 5학년의 아주 우수한 아이는 6학년 평균 수준이고, 6학년 중에서 조금 부족한 아이는 5학년 평균 수준이다. 아이마다 다른 목표를 설정해주기만 한다면 함께 가르치는 데 무리가 없다.

네덜란드 초등학생이 치르는 가장 큰 시험은 8학년 때 치르는 중고등학교 입학시험 시토CITO다. 국가 차원에서 치르는 이 시험은 언어와

초등학생들은 모두 시토라는 시험을 치르면서 어떤 상급 학교로 진학할지 결정한다.

수학 등 여러 과목에서 학생의 능력을 상세히 평가한다. 학생들은 시토 성적과 그동안의 학교생활, 적성 등을 종합적으로 고려해 어떤 상급 학교에 진학할지를 결정한다. 대체로 최상위권은 대학 진학을 염두에 둔 6년제 대학 예비 학교에 진학한다. 중상위권은 5년제 일반 중등학교에, 중위권 이하는 4년제 직업학교를 택하게 된다. 초등학교를 졸업하면서 진로를 결정하는 것이다. 무조건 대학에 가야 한다는 통념도 없고, 실제 대학 진학률이 20퍼센트 미만이기 때문에 아이들은 시토 시험도 엄청나게 부담스럽게 여기지는 않는다.

시계추처럼 균형을 잡으며 나아가겠다

네덜란드의 학교 모델은 근대 학교의 한계를 극복하려는 세계의 여러 실험 중 하나일 뿐이다. 공교육 제도 안에서 학교의 옛 모습을 바꿔보려는 시도는 이미 곳곳에서 이뤄지고 있다. 핀란드는 2020년부터 개별 교과목이 아닌 '주제별 수업'을 도입할 예정이다. 예를 들어 수학과 지리, 역사 수업을 개별적으로 하는 대신 제2차 세계대전을 연구하며 관련 지식을 자연스럽게 습득하게 하는 방법이다. 카페에서 실습을 하며 영어와 경제학, 의사소통 공부를 할 수도 있다. 이미 세계적으로 유명해진 독일의 공립종합학교 '헬레네 랑에'는 두 달가량 진행되는 프로젝트 형식의 밀도 있는 수업, 학교 바깥에서 하는 실전 수업 등으로 경직된 학교 시스템의 틀을 깼다.

혁신은 쉬운 일이 아니고 실험에는 실패가 따라오기도 하는 법이다. 미국 실리콘밸리에서 2013년 설립된 알트스쿨은 한때 '공교육의 미래 모델'이라고 추앙받았다. 마크 저커버그 등 여러 유명인의 거액 투자를 이끌어내기도 했다. 이 시스템을 도입한 학교에서는 나이 대신 학생의 흥미와 특성에 맞춰 반을 편성했고, 교과서 없이 학교에 오면 아이패드와 노트북을 사용해 마음에 드는 과목을 듣도록 했다. 시험도 없었다. 대신 학생이 어떤 기술을 얼마나 연마했는지를 교사가 살폈다.

이 학교는 설립 5년 만에 9군데 중 5군데가 문을 닫았다. 아이의 학업 성취도가 떨어졌다는 부모들의 불만이 폭발하며 학생 수가 크게 줄었기 때문이다. 2017년 말부터 2018년 초 사이 『비즈니스 인사이더』『월스트리트 저널』 등과 인터뷰한 학부모들은 "한 해 동안 두 아이의 학비를 4만 달러나 냈는데도 기초 학업 성취도를 채우지 못했다. 학교에서 풀타임 보조교사가 필요하다며 월 2500달러를 내라고 해서

곧바로 아이들을 전학시켰다" "우리는 베타테스터가 될 줄 알았는데 알고 보니 기니피그였다"는 불만을 쏟아냈다.

교육 컨설턴트이자 덴보스 초등학교 두 곳의 교장을 맡고 있는 리머에게 "아이들의 학습 능력이 떨어질지 모른다는 걱정은 하지 않느냐"고 물었다. 그는 "우리는 시계추처럼 균형을 잡으며 앞으로 나아갈 것"이라고 말했다. "한국 학생들은 수학과 읽기 능력이 아주 뛰어나다고 들었어요. 여기 학생들은 아마 한국 아이들보다 좀 부족할 거예요. 그러면 우리가 자유를 너무 준 게 아닌가 생각하고 공부를 좀더 하라고 할 수 있을 겁니다. 각자의 능력을 키워서 각자의 방식으로 사회에 공헌하게 만드는 게 우리의 교육 목표입니다. 하지만 12세까지는 아이들에게 공부보다 노는 것이 더 중요하고, 놀면서 배우는 것도 많다고 생각해요."

오후 3시, 아이들이 일과를 마치고 집에 돌아가는 시간이다. 등교할 때 보통 아이를 학교까지 데려다주는 것처럼 하교할 때도 대부분 부모 중 한 사람이 아이를 데리러 온다. 파트타임으로 일하는 노동자가 40퍼센트에 가까운 네덜란드이기 때문에 가능한 일이다. 부모 모두 풀타임으로 일하는 아이들은 아침 7시부터 오후 6시까지 학교가 돌봐준다.

하굣길 마중을 나온 학부모들에게 이 학교가 왜 좋은지 물었다. 아들 매즈(7세)와 딸 쥘(4세)을 이곳에 보내는 크리스는 "이 학교가 혁신적이고 시대에 맞춰간다고 생각해서 선택했다"며 "아이들이 밖에서 뛰어노는 것에도, 디지털 기술을 접할 수 있게 하는 것에도 만족한다"

스헤르토헨보스 초등학교의 교장 선생님이
유치원반 학생과 이야길 나누고 있다.

고 말했다. 자스민(8세)의 엄마 엘렌도 마찬가지였다. "아마 우리 애는
체육 수업이랑 아이패드를 가장 좋아할걸요? 요즘 정말 많은 게 빨리
바뀌고 있잖아요. 집에서만 가르쳐서는 변화하는 사회에 적응시키기
역부족일 것 같아요."

　숙제 없이 집에 가는 아이들의 표정도 밝았다. "아빠가 아일랜드계
여서 영어를 잘한다"고 스스로를 소개한 루나(9세)에게 "오늘 수업 중
에 뭐가 제일 재미있었냐"고 묻자 루나는 "전기를 가지고 놀았던 게
제일 흥미로웠어요"라고 대답했다. 아이들은 분명히 전류가 흐르는 원
리를 배웠지만, 공부를 했다기보다는 '재미있게 놀았다'고 생각하는
것 같았다.

10

지구의 미래를 고민하다

에콰도르
'갈라파고스 학교'
'키토 학교'

찰스 다윈의 항해지였던 갈라파고스. 에콰도르 본토에서 배를 타고 1000킬로미터를 가야 나오는 갈라파고스 군도의 산타크루스섬을 찾았다. 5월 중순의 햇볕은 제법 따가웠다. 주도 푸에르토아요라에 있는 카사레스 고등학교에선 3학년 학생들의 생물 수업이 한창이었다. 갈라파고스에서 볼 수 있는 동물들의 이름을 차례로 말하는 게임을 하는 중이었다. 곱슬머리 남학생이 머리를 긁적거렸다. 잠시 머뭇거리다가 마침내 생각이 난 듯 "파하로부르호(군함새)"라고 외친다.

날개를 편 길이가 무려 2.5미터나 된다는 군함새는 열대지방 섬의 바위나 절벽, 나무 위에 둥지를 튼다. 수컷은 턱 밑에 빨간 주머니가 달렸는데, 암컷을 유혹할 때에는 이 주머니를 한껏 부풀린다. 선생님은 반에서 키가 제일 큰 파울까지 학생 20명 모두에게 동물 이름을 대게 했다. 갈라파고스에만 사는 종달새, 바다이구아나, 푸른발얼가니새 따위가 줄줄이 불려나왔다. "갈라파고스에

갈라파고스 전체가 살아 있는 생물 교실이다.

지구의 미래를 고민하다

는 이렇게나 많은 고유종이 있습니다. 거북이도 바다거북이와 육지거북이가 있죠. 갈라파고스는 이 생물들을 보존해야 할 의무가 있는 섬입니다"라고 말했다.

선생님이 강조하지 않아도 학생들은 보존의 필요성을 잘 안다. 저마다 좋아하는 동식물이, 세상에서 사라지지 않기를 바라는 '친구'가 하나씩은 있다. 에디손은 망치 모양의 머리를 가진 상어를 제일 좋아한다. "망치가 레이더 역할을 해서 모래사장 밑에 숨어 있는 먹이까지 찾아내서 잡아먹는 게 신기해요." 알렉산드르는 날지 못하는 새 가마우지를 좋아한다. 갈라파고스 가마우지는 먹잇감이 부족해지자 바닷속으로 들어가 잠영을 하며 물고기를 잡는 쪽으로 진화했다.

예레미야는 희고 검은 털이 섞인, 종달새처럼 생긴 '꾸꾸베(플로레아나흉내지빠귀)'라는 새를 좋아한다. 우는 소리가 예뻐서다. 직접 우는 소리를 흉내내 들려준다. 꾀꼬리 우는 소리와 비슷했다. 카밀라는 과야바(구아바)와 비슷하지만 좀더 작은 과야비요라는 과일을 좋아한다. 갈라파고스를 상징하는 육지거북이가 제일 좋아하는 먹이이기도 하다.

갈라파고스는 스페인어로 '말안장'이라는 뜻이다. 스페인 출신의 파나마 주교 토마스 데 베를랑가가 1535년 이 섬에 처음 왔을 때 안장 모양의 등딱지를 한 거북이가 많이 살았다고 해서 붙인 이름이다. 인간의 발길이 닿기 전 섬의 주인은 거북이였다. 처음 인간이 발을 디뎠

이상한 나라의 학교

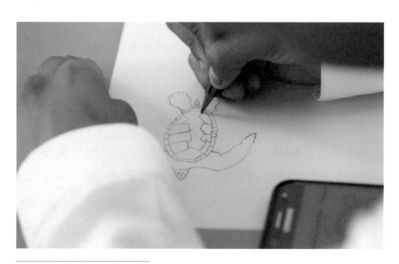

한 아이가 수업 시간에 거북이를 그리고 있다.

을 때만 해도 25만 마리가 살았던 것으로 추정되지만 500마리로까지 줄어드는 위기를 겪었다. 해적과 이주민이 닥치는 대로 잡아먹은 탓이다. 땅거북이는 인간의 발길이 닿은 이후 4종이 멸종하면서 11종으로 줄었다.

바다거북이의 사정도 좋지 않은 건 마찬가지다. 기후변화로 인해 해수면이 올라가자 알을 낳을 모래밭이 점점 줄어 개체수가 급감하고 있다. 인간이 무심코 흘려보낸 플라스틱을 먹이로 착각해 삼킨 뒤 죽는 거북이도 많다. 이곳 갈라파고스에서 아이들은 인간의 무분별한 자연 파괴의 심각성을 깨닫고 거북이와 더불어 살아나갈 방법을 배우고 있었다.

🖋 라켈의 거북이 시험

오늘의 수업 주제는 바다거북이다. 갈라파고스 고유종은 총 4종, 가장 많은 건 초록거북이다. 초록거북이는 먼 바다를 떠돌다 연어처럼 이곳으로 다시 돌아와 번식을 한다. 수상 택시를 타고 5분이면 가는 근처 플로레아나섬에 주서식지가 있다. 갈라파고스 국립공원과 찰스 다윈센터가 모니터링을 하면서 거북이의 생태를 추적한다.

동물 이름을 대는 놀이와 선생님의 짧은 설명이 끝나자 학생들이 5명씩 조를 이뤄 둘러앉는다. 책가방에서 노랑, 초록, 파랑 종이를 꺼냈다. 바다거북이를 주제 삼아 모둠별로 조사해온 내용을 발표하기 위해서다. 첫 번째 그룹은 어디에 가면 거북이를 찾을 수 있는지 조사해왔다. 두 번째 그룹은 바다거북이의 생존을 위협하는 요인을, 또 다른 그룹은 보존 대책과 지금 당장 실천할 수 있는 것을 정리해왔다.

갈라파고스의 학교들은 모두 고유종을 보존할 필요를 알리는 친환경 교육을 하고 있다. 교사에게 재량권을 줘서, 자체적으로 친환경 프로그램을 만들어 아이들을 가르치게 한다. 교사들은 보통 자연 과목에 친환경 교육을 포함시킨다. 그렇게 수업한 내용으로 시험문제를 내 성적에 반영한다. 국립공원과 찰스다윈센터, 여러 비정부기구NGO의 도움을 받아 야외 실습 교육도 한다. 국립공원과 다윈센터는 거북이 알을 부화시키고 기르는 곳으로 학생들을 데려가 가까이서 볼 기회를 준다. 갈라파고스에서 태어났어도 산타크루스 안에서만 자란 아이들을 다른 섬에 데려가 섬마다 생태계가 어떻게 차이 나는지 보여주기도 한다.

학생들에게 가장 인기가 많은 체험 수업은 환경 단체 '국제생태프로젝트EPI'가 국립공원과 협력해 진행하는 '거북이 종 보존' 실습활동이다. 이 프로그램에 참가했던 라켈(17세)이 "거북이는 위협을 느끼면 온몸을 등껍질 안으로 집어넣고 쉭쉭 소리를 내요"라고 설명했다. 라켈에게 "아빠 코고는 소리 같은데"라고 하니 "맞아요, 바로 그 소리에요"라며 깔깔 웃는다. 라켈은 거북이를 관찰할 때 주의할 점도 설명해줬다. "거북이를 뒤집어서 내장 위치나 기능에 대한 설명을 들었어요. 그런데 그다음에 거북이를 빨리 다시 뒤집어줘야 돼요. 안 그러면 장기 위치가 바뀔 수도 있거든요."

땅거북이와 친숙한 아이들이지만 실습활동 때처럼 평소에 가까이에서 보기는 힘들다. 국립공원에서는 관광객은 물론 주민들에게도 거북이로부터 2미터 내로 접근하지 말라고 경고한다. 이를 어기면 벌금을 내야 한다. 하지만 EPI 프로그램에 참가하는 학생들은 거북이를 더 가까이에서 보고 만져볼 수도 있다. 그래서 참여하고 싶어하는 학생이 많지만, 그러려면 관련 생태계 지식 등을 묻는 시험을 통과해야만 한다. 2017년 EPI 프로그램에는 단 17명만 참여할 수 있었다. 라켈과 같은 학년 친구인 티티아나, 다비드, 율리사는 모두 이 시험을 통과했다.

✎ GPS 들고 보존 구역으로

아이들은 2017년 7월부터 11월까지 EPI가 준 위치추적장치GPS를 들고 주말마다 엘차토와 파하로부르호 땅거북이 보존 구역으로 향했다. 이곳을 베이스캠프 삼아 오전 7시부터 오후 5시까지 머무르면서 탐사에 나섰다. 거북이 몸에 전자 칩을 심어놓으면 GPS를 통해 이동 경로를 확인할 수 있다. 에디손이 칩을 심는 방법을 설명해줬다. "땅거북이는 무척 크고 무겁기 때문에 여러 사람이 붙잡고 있어야 해요. 몸을 뒤집은 다음에 발톱 사이에 칩을 심고 상처가 아물도록 반창고를 붙여주죠. 그러고는 칩을 심었다는 것을 표시하기 위해 등껍질에 뜨거운 불도장으로 P자 낙인을 찍어요."

알렉산드르는 거북이가 걸은 길을 뒤따라 걸으며 새로운 사실을 발

거북이 탐사 시간.

견했다. "거북이가 과일을 먹고 이동하면서 온 섬에 씨앗을 퍼뜨리는 주기가 있다는 걸 알게 됐어요. 직접 장갑을 끼고 배설물을 확인했는데 과야바 씨앗이 제일 많았어요. 거북이는 사람하고 다르게 먹이를 소화시키는 속도가 느려서, 먹은 걸 30일이 지나서야 배설물로 내보내요. 배설물 속에 있는 씨앗이 땅에 뿌리를 내리면서 그 영역을 넓혀가는 거죠."

갈라파고스라 해도 어디서든 땅거북이를 볼 수 있는 것은 아니다. 이 오래된 동물은 수풀이 우거진 늪지대를 좋아한다. 인간이 거주하면서 아스팔트 도로를 깔고 건물을 올린 곳 주변에서는 좀처럼 거북이를 찾아볼 수 없다. 갈라파고스 행정 당국은 거북이가 살 땅을 확보하기 위해 거주지 면적과 인구를 엄격히 통제한다. 주거지와 상업 시설, 도로, 농지 등을 모두 포함해 전체 면적(7880제곱킬로미터)의 3퍼센트를 넘겨서는 안 된다. 나머지는 모두 갈라파고스 국립공원으로 편입돼 보존의 의무가 있다. 인구수는 5만 명을 넘기지 않도록 관리한다. 지금의 인구는 2만5000명이 조금 넘는다. 에콰도르 국적자라도 관광 목적으로는 60일 이상 머무를 수 없다. 외국인이 갈라파고스에서 숙박업소나 식당을 차리려면 에콰도르 사람과 결혼해야 하며, 섬에서 아이를 낳아야만 살 자격이 주어진다.

곳곳에 거북이를 배려한 흔적이 엿보였다. 도로 주변에는 로드킬을 우려해 '거북이 조심' 표지판을 세웠다. 거북이 서식지 주변 농장 주인들은 거북이가 자유롭게 드나들 수 있도록 울타리를 땅에서 높이 띄워 세우고 절대 철조망을 두르지 않는다. 어떤 장애물이 있어도 몸으로 뚫고 지나가며 길을 만드는 거북이가 다칠까봐서다. 원래 섬의 주인이 거북이었다고 생각하면, 인간의 생색내기에 불과해 보일 수도 있다. 하지만 이곳 사람들은 당연한 의무라고 생각한다. 카사레스 고등학교 앙헬 카리온 교장은 "다윈의 진화론에 아이디어를 제공한 갈라파고스는 모든 인류의 유산이며 우리는 이 유산의 관리자일 뿐이다"라고 말했다.

지구의 미래를 고민하다

🗡 조지가 죽자 세계가 애도했다

갈라파고스는 산타크루스와 이사벨라, 산크리스토발, 산살바도르, 플로레아나, 에스파뇰라 등 21개의 섬과 주변 작은 암초들로 이뤄져 있다. 그중 가운데에 위치한 섬이 산타크루스다.

이곳 주민들이 이토록 거북이를 소중하게 여기게 된 것은 6년 전 이곳에서 죽음을 맞이한 마지막 핀타섬 땅거북이 '외로운 조지' 때문이다. 2012년 6월 24일, 조지는 자손을 남기려는 인간의 갖은 노력과 염원을 뒤로하고 세상을 떠났다. 조지의 죽음으로, 당시 갈라파고스 땅거북이 종은 10개로 줄었다. 섬의 마스코트 조지가 죽자 온 마을이

조지가 세상을 떠나자 세워진 조형물.

슬픔에 잠겼다. 세계가 애도했다. 주민들은 광장과 가게 곳곳에 외로운 조지의 조형물을 세웠다. 취재팀이 머물렀던 숙소의 이름도 '외로운 조지의 시선'이었다. 숙소 주인 마르셀로는 "조지가 목을 길게 늘여 빼고 자신을 보러 세계에서 온 사람들을 둘러다보던 시선, 조지를 바라보던 사람들의 시선이 기억에 남아 이런 이름을 지었다"고 했다.

카사레스 고등학교 학생들과 함께 주민들이 사랑해 마지않는 땅거북이를 보러 갔다. 학교에서 버스를 타고 20분을 달려 파하로부르호 보존 구역에 도착했다. 우거진 수풀 사이에서 작은 거북이 한 마리가 달려오다시피 걸어오는 게 보였다. 거북이가 빨라봤자 얼마나 빠를까 싶지만 많이 걸으면 하루에 1킬로미터까지 걸을 수 있다고 한다.

수풀을 헤치고 나와 학생들을 반긴 건 여섯 살짜리 수컷 '도라'였다. 도라는 풀밭에 코를 박고 박력 있게 풀을 뜯어먹었다. 입가에는 풀이 밥풀처럼 덕지덕지 붙어 있었다. 날 좀 봐달라는 듯 목을 길게 죽 늘여 뺐다. 등을 쓰다듬자 축구공처럼 생긴 등껍질이 서서히 솟아올랐다.

보존 구역 안에 집을 짓고 관리 업무를 하는 부소장 부부가 도라의 부모다. 부부가 도라를 만난 건 5년 전 우기 때였다. 우기가 되면 새끼 땅거북이들이 집 근처로 자주 올라온다고 한다. 대부분 그냥 지나쳐 가는데, 특이하게도 도라는 이곳을 자기 땅이라고 여기고 자리를 잡았다. 다른 거북이들이 들어오면 쉭쉭 소리를 내며 경계심을 표시하기도 한단다. 도라는 지천에 널린 푸른 풀을 뜯어 먹으며 무럭무럭 자랐다. 가장 좋아하는 먹이는 잘 익은 바나나다.

지구의 미래를 고민하다

진흙 목욕을 즐기는 거북이들.

귀여운 도라를 뒤로하고 거북이들이 몰려 있는 물웅덩이를 찾아 나섰다. 부소장 부부가 키우는 하얀 푸들 봅이 어디 있는지 안다는 듯 앞장서 걸었다. 땅에 떨어진 과야바, 소 배설물 천지인 오솔길을 따라 5분쯤 걸었을까. 도라보다 3배 정도 커 보이는 땅거북이가 물웅덩이에서 진흙 목욕을 즐기고 있었다. 가까이 다가가자 라켈이 얘기해줬던 것처럼 코고는 소리를 내며 몸을 잔뜩 웅크렸다. 콧구멍만 밖으로 내놓고 눈을 깜빡거렸다. 이런 땅거북이가 파하로부르호에만 30마리 정도가 산다.

🗡 조지는 외롭지 않다

늘 물이 마르지 않아 땅거북이가 더 많이 산다는 엘차토 보존 구역으로 향했다. 차를 타고 5분이면 갈 수 있는 거리다. 보존 구역 한복판의 물웅덩이에 거북이 대여섯 마리가 모여 있었다. 한 녀석이 진흙탕에서 머리를 내밀고 다른 거북이를 향해 거친 숨소리를 냈다. 윌리(17세)가 "수컷이 자기 영역 안으로 들어오지 말라고 경계하는 거예요"라고 설명했다. 이방인이 보기에는 다 똑같지만 갈라파고스 아이들 눈에는 다 다르게 보인다. 산타크루스에는 두 종류의 땅거북이가 산다. "등껍질이 나무 나이테처럼 난 것과 무늬가 없는 것, 껍질 가장자리가 처마처럼 위로 들어올려진 것과 아닌 것으로 구분할 수 있어요."

갈라파고스 아이들은 땅거북이 전문가들이다. 윌리의 설명은 계속

됐다. "육지거북이는 소화기가 특이해서 1년까지도 안 먹고 견딜 수 있어요. 기온이 영하로 떨어져도 버틸 수 있고요. 그래서 배를 타고 다니는 사람들은 단백질을 섭취하려고 이 땅거북이들을 배에 싣고 다니면서 잡아먹었어요. 특히 불법 고래잡이나 해적이 이 섬을 기지처럼 쓰면서 거북이를 많이 잡아먹었죠." 캠핑장을 떠나기 전 가던 길을 멈추고 뭔가를 신발로 이리저리 굴리며 살펴보기도 했다. 거북이 배설물이었다. 윌리는 "풀만 남기고, 섭취한 음식물의 영양소를 다 흡수한 것으로 보이네요"라고 말했다.

거북이 보존 구역을 함께 방문한 국립공원 교육협력관 엘비스는 조지를 키운 사육사 파우스토 제레나 산체스의 조카다. 국립공원 관리사였던 파우스토는 1973년부터 39년 동안 조지를 키웠다. 엘비스는 반가운 소식을 들려줬다. 최근에 새로운 육지거북이 종이 발견됐고, 삼촌의 애칭이었던 '돈 파우스토'를 딴 '켈로노이디스 돈파우스토이'라는 학명이 붙었다고 한다. 갈라파고스 땅거북이 종은 10종에서 11종이 됐다.

엘비스는 외로운 조지가 죽었을 때 기억이 생생하다. "일요일이었어요. 가보니 조지가 죽어 있었고 삼촌이 자식을 잃은 것처럼 슬피 울었죠. 삼촌의 아들인 셈이어서, 나도 꼭 사촌이 죽은 것 같은 기분이었습니다." 조지가 왜 자식을 남기지 못했는지를 두고, 동성애 거북이라는 등 별별 소문이 나돌았다. 엘비스는 "조지와 같은 종이 있는지 알아보려고 호주, 독일에도 가봤지만 같은 종은 아니었어요. 유사종 암컷 네 마리를 한곳에서 살게 하기도 했어요. 그러다 어느 날 알을 하나 낳았는데 알고 보니 무정란이었죠"라고 설명했다.

조지는 이미 가고 없다. 조지의 종이 왜 멸종됐는지보다 흥미로운 것은 조지에 대한 주민들의 사랑이었다. 섬사람들은 주변에서 흔히 볼 수 있었던 동물들이 기후변화와 환경오염으로 언제든 사라질 수 있다는 사실을 잘 알고 있다. 종 보존의 중요성에 대한 인식은 갈라파고스와 에콰도르를 넘어 세계로 퍼져나갔다. 고유종 땅거북이가 사라진 산타페와 플로레아나섬에서는 다른 종의 땅거북이를 투입해서라도 땅거북이 서식지로 살려내겠다며 의지를 불태우고 있다. 조지는 더 이상 외롭지 않다.

🗡 장 보러 온 물개

산타크루스의 선착장에서는 어부들이 갓 잡아온 물고기를 바로 손질해 판다. 새벽 6시쯤 배가 닿자마자 선착장은 어시장으로 변신한다. 어슴푸레 해가 밝아오면 진기한 풍경이 펼쳐진다. 시장에 나온 동물들이다.

물개 두 마리가 어부들 주변을 어슬렁거리며 생선을 달라고 애교를 부린다. 덩치가 제법 큰 녀석은 아예 물고기 손질하는 자리에 터를 잡았고, 작은 녀석은 어부의 다리에 몸을 비빈다. 어부들은 살코기는 발라 손님들에게 팔고 남은 머리와 뼈를 통째로 물개들에게 준다.

어느새 펠리컨 10여 마리가 날아와 한입 얻어먹을 기회를 엿본다.

어시장 풍경. 펠리컨들이 날아와 뭐 얻
어먹을 게 없나 기웃거리고 있다.

어부가 던져준 부스러기 살점을 한 놈이 받아들자 다른 녀석이 달려
와 부리주머니를 쫀다. 등대 위에 저승사자처럼 자리를 잡고 있던 군
함새가 긴 날개를 펼치고 날아와 큼지막한 참치 살점 하나를 낚아채
간다. 늘 있는 일인 듯 어부나 손님 누구 하나 새들을 쫓거나 놀라는
사람은 없다.

　갈라파고스의 동물들은 사람을 보고도 웬만해선 피하지 않는다. 해
치지 않는다는 것을 알기 때문이다. 수상 택시를 타러 선착장으로 가
는 길 벤치 위에는 갈색 물개가 늘어져 잠을 자고 있었다. 피곤했는지

코까지 골면서 잔다. 콧구멍으로 염분을 배출하는 작은 바다이구아나 세 마리도 봤다. 도마뱀 종류 중 유일하게 바다에서 위장을 하고 살아갈 수 있는 파충류다. 갈라파고스를 처음 찾은 유럽인들은 선인장을 먹는 황금이구아나와 바다이구아나의 기괴한 모습을 보고는 이곳을 '지옥의 섬'이라 불렀다 한다. 수상 택시로 5분 거리의 플로레아나에서는 예레미야가 좋아하는 '꾸꾸베'를 볼 수 있었다. 가까이 다가가도 아무렇지 않다는 듯 부리로 털을 손질했다. 꾀꼬리 같은 울음소리를 낼 때는 예레미야의 얼굴이 겹쳐 보였다.

다윈이 갈라파고스 군도에서 처음 발을 내디뎠던 산크리스토발섬은 물개가 주인이다. 장난기 많고 호기심 많은 이 녀석들은 사람을 몰고 다닌다. 한 여성이 수영을 하다가 뒤쫓아오는 물개를 보고 놀라 벌떡 일어선다. 한바탕 물놀이를 즐긴 물개 30여 마리는 해변 그늘가로 몰려가 낮잠을 잤다.

✎ 다윈의 핀치가 지켜보는 학교

토마스 데 베를랑가 사립학교에서는 40퍼센트의 과목을 영어로 가르친다. 자세한 기술적 지식이 필요한 수학, 과학은 주로 스페인어로 가르치지만 사회나 미술 등 인문·예술 과목은 영어로 수업한다. 갈라파고스가 당면한 문제와 현실을 외부에 잘 알리기 위해서다. 4학년 다나와 사라(9세)는 생물 선생님 가브리엘라와 새 폐사율 증가에 대한 실태 조사를 하고 있다. 다나는 "공항 택시 기사들이 손님을 조금이라도 더 받으려고 과속을 하다가 낮게 날아다니는 새를 치어 죽이는 일이 많아지고 있어요"라고 설명했다. 사라는 "이 결과를 지역 방송을 통해 알리고 과속을 하지 말아야 하는 이유를 설명할 거예요"라고 말했다.

이 학교는 자연과 어우러져 사는 삶을 가르치기 위해 숲속에 지어졌다. 25년 전 공교육의 환경 프로그램만으로는 부족하다고 생각한 학부모들이 자발적으로 학교를 세웠다. 갈라파고스에서조차 학생들이 시멘트, 보도블록 같은 인공 시설에 둘러싸여 공부하는 것에는 문제가 있다고 생각한 것이다. 오솔길과 놀이터를 마음껏 뛰어다니는 아이들은 계속 깔깔대며 웃었다. 대여섯 살쯤 된 아이 둘이 현무암 앞에 주저앉아 돌구멍 틈에서 기어나오는 개미를 들여다보고 있었다. 그 모습을 '다윈의 참새'로 알려진 핀치와 종달새가 지켜본다.

1949년 당시 대통령 이름을 따 지은 갈로 플라사 라소 초·중등학교는 학생들에게 플라스틱 같은 일회용품 사용의 심각성을 알리는 데 집중하고 있다. 이 학교 텃밭에는 자생 식물과 함께 비닐을 잔뜩 구겨넣은 플라스틱 병이 거꾸로 꽂혀 있다. 조니 만투아노 교장은 학생들에게 경각심을 일깨워주기 위해서라고 설명했다. "플라스틱이 분해되려면 500년 넘게 걸립니다. 갈라파고스는 필요 이상으로 너무 많은 플라스틱 용기를 써왔어요. 그나마 그동안 캠페인을 활발히 해서, 지금은 쉽게 분해되는 용기를 쓰는 방향으로 가고 있죠." 교장은 "푸에르토아요라 시교육청의 재활용 독려 캠페인 마스코트인 '레실리카(재

썩는 데만 수백 년 걸리는 플라스틱은 환경오염의 경각심을 일깨우는 소재로 곧잘 소개된다.

활용)맨'은 10년 전 우리 학교 학생이 만든 작품"이라고 자랑했다.

✎ 쓰레기통에도 '주민 실명제'

갈라파고스 사람들이 특별히 윤리적이어서 자연 보존에 힘쓰고 동물들과 공존할 방법을 모색하는 것은 아니다. 이곳 사람들에게 자연 보존은 생존과 직결된 문제다. 섬의 가장 주요한 일자리는 관광업 아니면 환경 관련 사업이다. 다양한 동식물종의 보고이자 진화론의 증거인 갈라파고스가 파괴된다면 인간도 이곳에 더 이상 발붙일 이유가 없게 될 것이다. 갈라파고스 사람들은 인간의 이기심으로 인한 기후변화, 환경 파괴의 심각성을 알리는 데 절박하다.

거북이 조지가 죽은 이듬해인 2013년 레오폴도 부첼리 시장이 부임하면서부터 산타크루스섬에서는 재활용품 분리수거가 의무화됐다. 이곳의 모든 분리수거 통에는 고유 번호가 매겨져 있다. 주민들은 쓰레기통을 살 때에도 반드시 이름을 등록해야 한다. 이렇게 고유 번호가 부여된 쓰레기통을 청소부가 열어보고, 분리수거가 제대로 돼 있지 않으면 시 당국에 신고한다. 누구의 쓰레기통인지 등록돼 있기 때문에 추적해서 벌금을 매길 수 있다. 시 당국은 천으로 만든 쇼핑백을 무료로 나눠줘 쓰게 했다. 상점에서 비닐봉지를 받으려면 환경 부담금을 내야 한다.

카사레스 고등학교의 시시(17세)는 집으로 초대해 분리수거하는 모습을 보여줬다. 시시에게 분리수거는 전혀 귀찮은 일이 아니다. 자기가 좋아하는 동물들이 사라지는 걸 원치 않기 때문이다. 가장 걱정하는 건 무분별한 플라스틱 사용이다. "특히 물개는 호기심이 많은데, 바다에 떠다니는 플라스틱을 먹다 죽는 일이 많이 일어나요." 시시가 가장 좋아하는 바다거북이도 물속의 플라스틱이나 비닐봉지를 삼켜 죽어가곤 한다. 시시가 기후변화의 심각성을 깨달은 것은 2년 전이다. "섬 전체에 큰 가뭄이 들었어요. 농촌은 쑥대밭이 됐고 많은 동물이 먹을 게 없어서 죽어갔어요. 그렇게 땅거북이들도 하나씩 사라진다면 결국 언젠가는 멸종을 걱정해야 될 거예요."

시시는 EPI의 체험 학습에 참여하면서 기후변화가 생태계를 교란시킬 수 있다는 사실을 알게 됐다. 바닷물이 백사장에 얼마나 깊이 들어 오는지 확인하면서 해수면 상승 정도를 기록했다. "바다거북이는 상 륙작전을 하듯이 밀물 때 파도를 타고 들어와 알을 낳고 가요. 그런데 해수면이 올라가면 알이 부화하기에 적당한 온도를 가진 모래밭이 줄 어들죠. 바다거북이알은 온도에 따라서 성별이 결정되는데, 거기에도 영향을 미칠 수밖에 없고요." 6개월 뒤면 대학 입학시험을 치른다는 시시는 해양생물학과 법학 중 어떤 것을 전공으로 해야 할지 고민 중 이라고 말했다.

✎ 소년·소녀들의 땅

갈라파고스뿐 아니라 에콰도르 전역에서 자연의 소중함을 느끼게 하는 수업이 진행되고 있다. '소년·소녀들의 땅Tierra de Ninas Ninos·TiNi'이 라는 이름의 학교 내 텃밭 가꾸기 수업이다. 에콰도르 정부는 페루에 서 먼저 시작된 TiNi를 2017년부터 받아들였고, 현재 수도 키토에서 만 7000여 개 교육 프로그램이 진행 중이다. 목표는 환경 감수성을 길 러 식생활이나 상품 구매 등 생활 방식 전반을 친환경으로 유도하는 것이다. 키토에서 가장 모범적으로 수업이 진행되고 있다는 '프리미시 아스 데 라 쿨투라 데 키토(키토 문화의 첫 열매)' 학교를 찾았다.

고산지대에 있는 키토에서 구름은 손에 닿을 것처럼 늘 낮게 깔려 있다. 신시가지에서 남쪽으로 한 시간을 달려 학교에 도착했다. 키토

에콰도르에서는 '소년·소녀들의 땅'이라
는 텃밭 가꾸기 수업이 시행되고 있다.

의 하늘은 세상 어느 곳의 하늘보다도 파란데, 자동차에서 내뿜는 연
기는 검다. 연료에 황이 많이 섞여 있는 데다 저지대에 비해 산소가 부
족해서 불완전 연소되기 때문이다. 이렇게 검은 매연이 나오는데도 하
늘이 맑다는 게 신기했다.

　11~12세 7학년 아이들인 카롤리나, 다니엘라, 레이디 몬토야, 에밀
리가 마중 나와 있었다. TiNi 수업의 결과물을 보여주기 위해 담당 교
사도 함께 나왔다. 아이들이 모여 줄넘기를 하고 있는 야외 놀이터와
교실 사이에 자리를 잡은 텃밭으로 안내했다. 원래는 공터였는데 학생
들과 학부모들이 힘을 모아 텃밭을 만들었다. 유칼립투스로 울타리를

쳤다. 가격이 싸고 병충해에 잘 견뎌 울타리 재료로 많이 쓰인다고 한다. 나무 울타리 안에서는 호박과 배추, 상추, 브로콜리가 자라고 있다. 이제 겨우 다섯 살인 1학년 하비에르와 친구들이 3월에 씨를 뿌렸다. 배추는 제법 많이 자라 하비에르의 주먹만큼 알이 잡혔다.

교실과 교실 사이 볕이 잘 드는 곳에 자리잡은 다른 텃밭으로 옮겨 가봤다. 다음 달에 파종하기 위해 준비하는 밭에는 당근, 총각무, 양배추가 심어져 있었다. 에밀리와 카롤리나, 다니엘라가 능숙하게 잡초를 뽑았다. 에밀리는 씨앗을 심을 때 흙을 산봉우리 모양으로 북돋아주는 이유를 설명해줬다. 이렇게 하면 뿌리가 잘 자라 잎이 옆으로 넓게 퍼지고, 식물이 고르게 성장한다고 한다. 병충해를 예방하기 위해

원래는 공터였던 이곳에 학생들이 텃밭을 만들어 가꾸고 있다.

생강즙 섞은 물을 뿌려주고, 달걀 껍질과 동물의 배설물을 퇴비로 쓴다. 나비와 애벌레가 잎채소를 건들지 않도록 하기 위한 덫도 있다. 에밀리가 채소 사이사이에 놓인 페트병을 들어올렸다. "사탕수수물을 담은 병을 놓아두면 채소는 안 갉아먹고 여기에 이끌려와 빠지게 돼요." 구멍이 숭숭 뚫린 양배추를 본 선생님이 한마디 했다. "이건 덫이 제대로 작동을 못했네. 갈아줘야겠다."

✎ 외딴섬에서 본 미래의 교육

아이들은 아침 일찍 등교하자마자 텃밭에 물을 준다. 해가 높이 떠 볕이 강할 때 물을 주면 잎에 맺히는 물방울이 돋보기 역할을 해 오히려 식물이 말라죽을 수 있기 때문이다. 아이들은 아침과 오후 1시간씩 텃밭에서 재배 지식을 배우고 실습한다. 8학년이 되면 교과 공부를 많이 해야 하기 때문에 텃밭 가꾸기의 주축은 7학년들이다. 귀찮을 법도 하지만 아이들은 그저 신난다는 표정이다. 7학년생 레이디 몬토야는 "친구들과 팀을 이뤄서 하니까 재미있어요"라며 웃는다. 에밀리는 "채소가 크는 걸 눈으로 보고 나중에 수확물을 나눠 먹으니 재미가 있다"고 설명했다. 토마토와 상추, 주름이 많은 밀란배추를 거두면 샐러드를 만들어 먹는다. 상추는 잎이 손바닥보다 넓게 퍼졌을 때 수확한다. 보통 이렇게 자라는 데 보름이 걸린다. 배추는 속이 둥글게 영글어 손으로 감쌀 수 있을 정도가 됐을 때 뽑는다.

6월이면 에콰도르 학교는 방학을 한다. 학생들은 방학 전 땅을 일구고 비료를 뿌려놓은 뒤 학교를 떠난다. 그래야 새 학기가 시작되는 9월부터 다시 텃밭 농사를 지을 수 있다. 고랑을 만들고 씨를 뿌리고, 1월에 두 번째 수확을 한다. 그리고 다시 3월에 씨를 뿌리고 석 달 뒤에 거두는 패턴이 반복된다. 아이들은 자연스럽게 자연의 흐름을 몸에 익힌다.

동식물과 함께 자라나는 이 아이들에게, 네모난 콘크리트 교실에서 풀도 물고기도 거북이도 쳐다보지 못한 채 오로지 시험 성적에만 목숨을 걸어가며 살아가는 지구 반대편 아이들의 이야기를 들려준다면 공감할 수 있을까. 반대로, 똑같은 수업과 똑같은 시험과 똑같은 인생 목표 속에서 달려나갈 뿐인 한국의 아이들에게 갈라파고스나 키토 아이들의 꿈과 고민을 들려준다면 이해할 수 있을까. 우리는 4차 산업혁명 시대를 얘기하면서 한국의 교육이 창의성을 키워주지 못한다고, 미래를 준비하는 데에는 역부족이라고 비판한다. 하지만 지구는 둥글고, 세계는 넓고, 배우고 생각해야 할 것은 너무나 많다. 지구의 미래를 생각하며 살아가는 아이들로 키우기 위해 우리에게 필요한 교육은 과연 어떤 것일까.

학교를 떠나기 전 에밀리가 들려준 시가 아직도 기억에 남는다. "시간은 길다. 우리가 살고 있는 이곳에서 아름다운 새소리를 들은 지 얼마나 오래됐던가. 투명하고 아름다운 강의 모습을 본 지 오래, 깨끗한 공기를 마신 지도 오래됐다. 단지 옛 추억이 됐을 뿐. 그러나 우리 지구를 살리려는 노력은 언제든 다시 시작할 수 있다."

이상한
나라의
학교

1판 1쇄 2020년 2월 3일
1판 3쇄 2021년 6월 9일

지은이 강윤중 권도현 남지원 노도현 박효재 배동미 심진용 이석우 장회정 정지윤
펴낸이 강성민
편집장 이은혜
마케팅 정민호 김도윤
홍보 김희숙 김상만 함유지 김현지 이소정 이미희 박지원

펴낸곳 (주)글항아리 | **출판등록** 2009년 1월 19일 제406-2009-000002호

주소 10881 경기도 파주시 회동길 210
전자우편 bookpot@hanmail.net
전화번호 031-955-2696(마케팅) 031-955-1936(편집부)
팩스 031-955-2557

ISBN 978-89-6735-688-0 03900

geulhangari.com